몸과 마음으로 바치는 기도

Anselm Grün
FASTEN
Beten mit Leib und Seele

© 2021 Vier-Türme GmbH, Verlag, 97359 Münsterschwarzach Abtei
All rights reserved.

Translated by Park Gookbyung
Korean translation copyright © 2025 by Benedict Press, Waegwan, Korea.
Korean translation rights arranged with Vier-Türme GmbH, Verlag,
Münsterschwarzach, Germany.

몸과 마음으로 바치는 기도
단식

2025년 8월 22일 교회 인가
2025년 11월 20일 초판 1쇄

지은이	안셀름 그륀
옮긴이	박국병
펴낸이	박현동
펴낸곳	성 베네딕도회 왜관수도원 ⓒ 분도출판사
찍은곳	분도인쇄소
등록	1962년 5월 7일 라15호
주소	04606 서울 중구 장충단로 188 분도빌딩(분도출판사 편집부)
	39889 경북 칠곡군 왜관읍 관문로 61(분도인쇄소)
전화	02-2266-3605(분도출판사)·054-970-2400(분도인쇄소)
팩스	02-2271-3605(분도출판사)·054-971-0179(분도인쇄소)
홈페이지	www.bundobook.co.kr
ISBN	978-89-419-2519-4 03230

이 책의 한국어판 저작권은 Vier-Türme GmbH, Verlag와 독점 계약한 분도출판사에 있습니다.
저작권법에 의해 한국 내에서 보호를 받는 저작물이므로 무단 전재와 무단 복제를 금합니다.

이 책의 본문 종이는 FSC® 인증을 받은 친환경 용지를 사용했습니다.

안셀름 그륀 지음
박국병 옮김

몸과 마음으로 바치는 기도

단식

분도출판사

차례

들어가며　7

초기 교회의 단식 관습　13

육과 영의 치유제　27

욕망과 악습과의 싸움　43

단식과 기도　75

조명照明의 길　101

오늘날의 단식　119

나오며　149

주　153

들어가며

교회가 자신의 전통을 잊을 때면, 어김없이 다른 움직임이 일어나 그 전통을 다시 이어 갔습니다. 단식도 예외가 아닙니다. 교회는 처음 세워질 때부터 단식 수행을 익히 알고 실천했으며, 이미 초세기에 이에 대한 규칙을 마련해 두었습니다. 그러나 근대에 들어서며 이런 단식 규칙은 갈수록 축소되어 거의 무의미해졌습니다. 교회는 신자들에게 아직까지 단식을 요구하고 있는 것에 대해 마치 사과하는 듯한 태도를 보였습니다. 단식의 의미를 더는 인식하지 못하여 그 감각을 상실했습니다. 이처럼 의미를 잃어버린 상황에서 의학은 단식의 치료적 효과를 재발견했습니다. 특히 오토 부힝거 박사는 여러 질환, 무엇보다 류머티즘 질환에 대한 단식의 효과를 밝혀냈습니다. 이제 단식 치료를 성공적으로 시행하는 단식 클리닉이 여럿 있고, 이 기관 중에서 많은 곳이 전적으로 육체적인 단식에 영적인 개념과 방법을 적용하여 그 깊이를 더하려 합니다. 단식에 참여하는 사람들은 그것이 단지 체중 감량만 아니라, 삶에 대한 새로운 태도와 먹고 마시는 것에 대한 새로운 방식, 그리고 일과 삶의 습관에 관한 것임을 깨닫습니다.

약 이십 년 전부터 수많은 교회 교육 기관과 본당 공동체에서 단식 주간 프로그램을 운영하고 있습니다. 이런 곳에서는 처음부터 단식을 영적인 길이자 내적 정화의 길, 내적 자유의 길로, 그리고 영적인 길을 더 굳건하게 해 주는 도구로 이해하기를 원합니다. 교회가 자신의 전통을 새롭게 재발견하고 있다는 것은 반가운 일입니다. 지난 수십 년간 교회는 단식이란 전통을 그저 외형적으로 유지했을 뿐, 그 의미는 점점 망각했습니다. 여기에는 두 가지 원인이 있을 것입니다.

우선, 육체와 영혼의 이원론이 있습니다.[2] 사람들은 육체와 영혼을 서로 분리했고, 이에 단식은 순전히 영적인 태도가 되었습니다. 사람들은 단식의 영적 의미를 강조했으며, 단식을 이 세상의 것들에 맞선 내적 자유, 영적 회개, 쇄신으로 이해했습니다. 전적으로 육체적일 뿐인 단식은 거의 경멸의 눈으로 바라보았습니다. 그런데 육체적인 단식과 함께 단식의 영적 측면이 사라졌다는 사실, 곧 단식의 영성화가 새로운 물질화로 이어졌다는 사실은 전혀 알아채지 못했습니다. 단식은 경제적 목적으로 전용되었고, 이는 교구 자선단체들에 들어오는 기부금이 매년 증가하는 결과로 나타났습니다. 사람들은 이 같은 단식의 영성화에 대해 예수님의 다음 말씀을 끌어다 썼습니다. "생명을 주는 것은 영이요 육은 아무런 소용도 없습니다"(요한 6,63). 그러나 이 말씀의 의도는 육체를 무시하는 것이 아닙니다. 오히려 그분은 당신 제자들에게 모든 것의 더 깊은 의미를 일깨우려 하십니다. 그분은 제자들에게 믿음을 북돋우려 하십니다. 요한 복음서에 따르면 믿는다는 것은 더 깊이 들여다보는 것, 사물의 본질을 보는 것입니다. 그러니 단식과 관련하여 이 말씀은, 외적인 단식은 그것이 곧 영적인 활동이 되지 않으면 아무런 소용이 없다는 뜻입니다. 그렇지만 영적인 활동에도 역시 육체의 협력이 필요합니다. 이것이 바로 요한 복음서가 우리에게 분명히 보여 준 '말씀의 육화에 대한 그리스도교 신앙의 근본적 신비'입니다.

단식의 의미를 상실한 또 다른 원인은 율법주의입니다. 공의회 이전에 교회는 단식의 의미와 목적을 신자들에게 제대로 납득시키지 못한 채 일련의 단식 규정을 부여하는 것에 그쳤습니다. 과다한 규정은 똑같이 과다한 관면 행위를 불러왔습니다. 그러나 규정만으로는 이 전통을 살려 내지 못합니다. 단식의 더 깊은 의미에 대한 감각이 필요합니다. 의학은 단식의 치료적 효과를 발견함으로써 이 오랜 전통에 대한 사람들의 호기심을 불러일으켰습니다.

초기 교회의 경험은 우리가 단식을 신앙의 표현으로, 기도의 한 방식으로, 곧 육과 영으로 바치는 기도로 새롭게 이해하는 데 도움이 될 것입니다. 교부들과 수도승 저자들이 남긴 문헌은 이 전통이 점점 사라져 가고 있는 교회에서 다시 단식을 실천하도록 사람들을 초대합니다. 교부들과 옛 수도승들의 사상은 교회가 단식에 대한 더 깊이 있는 이해와 건강한 실천에 결정적인 기여를 할 수 있음을 보여 줍니다.

초기 교회의
단식 관습

"이제라도 너희는 단식하고
울고 슬퍼하면서 마음을 다하여
나에게 돌아오너라."

_요엘 2,12

교회는 단식을 발명한 것이 아니라, 단식에 대한 유다교의 관습과 그리스-로마 문화권의 관점을 이어받아 발전시켰습니다. 유다교에서 모든 사람이 지켜야 할 의무적인 단식일은 단 하루 있었는데, 곧 속죄일입니다. 그럼에도 한 주에 두 번, 월요일과 목요일에 단식하는 것은 경건함의 표시로 여겨졌습니다. 복음서에 나온 바리사이도 그렇게 단식을 지켰습니다(루카 18,12).

특별한 요청이 있거나 고난에 처할 경우, 하느님께 도움을 구하기 위해 공적인 단식일이 선포되었습니다.

유다인들은 단식을 한편으로는 하느님께 드리는 간절한 요청으로, 기도에 온 마음을 다한다는 표시로 이해했지만, 다른 한편으로는 속죄와 회개로도 이해했습니다. 그들은 단식을 바치며 하느님 앞에서 스스로 죄인임을 고백하고 용서와 도움을 청한 것입니다.

　유다인들에게는 두 시각이 서로 연결되어 있었는데, 왜냐하면 그들에게 어떤 고난이 닥쳤다는 것은 언제나 자신들이 하느님께 불순종했다는 표시였기 때문입니다. 그들은 단식을 하면서 하느님께로 돌아가기를 원했습니다.

　그런데 유다교에는 단식을 겉으로 드러내 보이는 경향 역시 있었고, 예언자들은 이에 맞섰습니다. 그들은 동료 신자들에게 단식의 진정한 의미를 일깨웠습니다. 예언자 요엘은 이스라엘 백성에게 하느님의 말씀을 전하며 이렇게 일렀습니다. "이제라도 너희는 단식하고 울고 슬퍼하면서 마음을 다하여 나에게 돌아오너라. 옷이 아니라 너희 마음을 찢어라. 주 너희 하느님에게 돌아오너라"(요엘 2,12-13).

단식을 행할 때 우리는 우리 자신의 마음을 하느님께 열고 하느님께 묶어야 합니다. 예언자 이사야는 자신이 당대에 목격한 단식 관습을 다음과 같이 비판했습니다. "이것이 내가 좋아하는 단식이냐? 사람이 고행한다는 날이 이러하냐? 제 머리를 골풀처럼 숙이고 자루옷과 먼지를 깔고 눕는 것이냐? 너는 이것을 단식이라고, 주님이 반기는 날이라고 말하느냐? 내가 좋아하는 단식은 이런 것이 아니겠느냐? 불의한 결박을 풀어 주고 멍에 줄을 끌러 주는 것, 억압받는 이들을 자유롭게 내보내고 모든 멍에를 부수어 버리는 것이다. 네 양식을 굶주린 이와 함께 나누고 가련하게 떠도는 이들을 네 집에 맞아들이는 것이다"(이사 58,5-7). 이사야에게 단식이란, 언제나 이웃에 대한 새로운 행동을 촉구하는 것이기도 했습니다.

초기 교회는 한 주에 두 번 단식하는 관습을 이어받았습니다. 다만, 예수님의 붙잡히심과 십자가에 못 박히심을 기억하여 수요일과 금요일을 단식일로 정함으로써 유다교와 의도적으로 거리를 두었습니다. 동방교회와 스페인 지역에서는 월요일에도 단식을 행했고, 서방 교회에서는 주일을 준비하며 토요일도 단식했습니다.

이런 덜 엄격한 주간 단식과 더불어, 이내 부활절을 준비하기 위한 단식이 시작되었는데, 처음에는 하루에서 사흘 정도였지만, 다음에는 성주간 내내, 그러다가 결국 3세기 말부터는 사십 일 동안 단식을 행했습니다. 부활절 전 이틀 동안에는 음식을 완전히 금해야 했지만, 주간 수요일과 금요일, 그리고 사순 시기에는 제9시(오후 3시)까지, 또는 베네딕도가 『수도 규칙』에서 정한 바에 따라 저녁까지 단식했습니다.

수도승들은 주요 교회의 단식 관습을 자체적으로 강화했습니다. 많은 사람들이 하루씩 걸러 가며 끼니를 챙겼고, 어떤 사람들은 특히 사순 시기에는 닷새를 단식하고 오직 토요일과 주일에만 음식을 먹었습니다. 수도승들은 또한 음식 선택에도 제한을 두었습니다. 고기, 계란, 우유, 그리고 치즈를 끊었으며 포도주도 피했습니다. 그들이 단식할 때 먹는 일반적인 음식으로는 빵과 소금, 물이 있었고, 거기에 들풀과 채소, 콩, 그리고 대추

야자나 무화과 같은 말린 과일도 있었습니다. "게다가 영웅적인 고행자들은 익힌 것보다는 날로 된 들풀과 채소를 선호했습니다. 그들에게 익힌 음식은 이미 성찬盛饌이나 다름없었습니다."[3]

    주요 교회는 고기와 포도주를 먹고 마시는 것을 사순 시기에 금지했습니다. 그렇지만 교회 내부에는 고기와 포도주에 대한 전면적인 절제를 요구하는 경향들도 일부 있었는데, 가령 마니교도와 아포탁티타이파 apotactitae, 몬타누스파 montanistae가 그러했습니다. 그들은 건강상의 이유가 아닌, 이원론적 동기에서 고기와 포도주가 근본적으로 악한 것이라고 주장했습니다. 그런 이원론적 경향에 반박하여 교회는 하느님께서 모든 동물과 식물을 창조하셨고, 그것들을 먹을 수 있도록 인간에게 주셨으니, 곧 모든 것이 좋은 것이라고 지적했습니다. 교회는 단식과 음식 금지의 이데올로기화에 맞섰으며, 그리스도께서 우리에게 가져다주신 자유를 위해, 율법은 물론이고 온갖 율법적 사고로부터 벗어나는 자유를 위해 싸웠습니다.

유다교의 단식 관습이나 그리스 문화권의 일부 경향과의 대립은 신약 성경에서도 감지됩니다. 산상 설교를 보면 그리스도인들이 단식을 한다는 것을 전제하고 있습니다. 그러나 그들은 단식한다는 것을 사람들에게 드러내 보이려고 얼굴을 찌푸리고 다니는 바리사이들과 달라야 합니다. 제자들은 단식을 남몰래 숨어서 해야 하고, 사람들 앞이 아니라 하느님 앞에서 해야 하며, 기쁜 얼굴로 해야 합니다(마태 6,16-18).

예수님도 사십 일 동안 광야에서 단식하셨다고 전하지만, 그분이 바리사이들에게 단식하는 사람이란 인상을 주지는 않았습니다. 반대로 그분은 사람들과 먹고 마시며 기쁨을 나누셨고, 그래서 먹보요 술꾼이라고도 불렸습니다(루카 7,34).

그분의 제자들도 왜 바리사이들과 요한의 제자들처럼 단식하지 않는지 비난을 받아야만 했습니다. 이에 예수님은 답하셨습니다. "혼인 잔치 손님들이, 신랑이 함께 있는 동안 슬퍼할 수 있습니까? 그러나 그들이 신랑을 빼앗길 날이 올 것입니다. 그러면 그때에 그들도 단식할 것입니다"(마태 9,15).

　　예수님께 단식은 분명 슬픔의 표시였습니다. 그러나 그분의 제자들에게는 슬픔이 자리할 수 없었습니다. 예수님 그분 안에서 이미 구원의 날, 곧 기쁨의 날이 밝았기 때문입니다. 이제는 하느님께서 주신 선물을 받을 시간이었습니다. 이 지점에서 우리는 초기 교회가 유다인들의 단식 관습과 대립했음을 알아챌 수 있습니다. 한편으로는 예수님께서 메시아로 오심으로써 단식이 극복되었지만, 다른 한편으로 그 오심은 아직 최종적인 것이 아닙니다. 여전히 죄와 죽음이 남아 있습니다. 죄와 죽음이 최종적으로 사라져야, 비로소 단식도 그 의미를 잃을 것입니다. 이제 제자들이 단식을 하는 이유는 주님을 기다리고 있기 때문입니다. 이로써 단식은 새로운 의미를 얻었습니다. 이것은 더 이상 슬픔과 회개의 표현이 아닌, 주님의 오심을 고대하는 단식입니다. 이러한 단식에는 종말론적 의미가 있습니다. 단식을 바치면서 그리스도인들은 그들에게 구원이 아직 완전히 오지는 않았음을 고백합니다. 그리스도인들은 단식 가운데 이 구원을 향해 손을 뻗으면서 그들이 점점 더 그리스도의 오심이 불러올 기쁨으로, 신랑이 그들과 함께 혼인 잔치를 벌이는 기쁨으로 충만해지기를 바랍니다.

콜로새 신자들에게 보낸 편지를 들여다보면 그리스도교가 당시 그리스 문화권에서 행해진 단식 관습과 대립한 흔적이 엿보입니다. 그리스에서는 종종 음식을 통해 악마의 힘이 들어오는 것을 두려워하여 단식을 했습니다. 그러한 단식은 사람들을 자유로 이끄는 게 아니라, 속박과 두려움에 빠지게 했습니다. 그래서 콜로새 신자들에게 보낸 편지는 이렇게 경고합니다. "그러므로 먹는 일이나 마시는 일 … 때문에 아무도 여러분을 심판하지 못하게 하시오"(콜로 2,16). 이 말씀은 외적인 것이 아닌, 예수 그리스도와의 관계에 관한 것입니다. 그리고 이 편지는 일부 단식 관습이 허영을 만족시키는 수단이라고 지적합니다. "이런 것들은 스스로 만든 종교와 겸손과 육신의 고행을 내세워 말로는 지혜라고 하지만, 아무런 가치도 없고 다만 육적인 허영을 만족시킬 뿐입니다"(콜로 2,23). 따라서 단식은 내적 자유 속에서 실천되어야 하며, 하느님과 그리스도를 향해 자신을 여는 수단이어야 합니다.

사도행전은 바오로와 바르나바가 파견되기 전에 공동체가 단식했다고 보도합니다. 단식은 안수를 하고 복음 선포를 위임하기 위한 준비 과정이었습니다(사도 13,1-3). 『디다케』*는 세례를 받기 위한 준비로 단식을 요구합니다. "세례를 주는 이와 세례를 받는 이는 세례 전에 미리 단식하십시오. 그리고 다른 이들도 할 수 있으면 미리 단식하십시오. 적어도 세례를 받는 이에게는 하루나 이틀 전에 단식하라고 명령하십시오."[4]

단식은 하느님께서 세례를 통해 인간에게 하시려는 일에 맞춰 자신을 스스로 조율해 가는 과정입니다. 초기 교회에서 단식은 개인적인 일이 아니었습니다. 단식은 전례와 관련이 있었으며, 대개 공동으로 함께 실천되었습니다. 사람들은 공동 단식일을 '스타티오' statio 라고

---

* '열두 사도의 가르침'으로도 불리며, 기원후 100년경에 쓰인, 곧 신약 성경의 후기 문헌들과 비슷한 시기에 쓰인 초기 그리스도교 문헌이다.

불렀는데, 이 말은 원래 '깨어 지키는 사람', 곧 '파수'를 의미합니다.[5] 그리스도인들에게 단식일은 여느 때보다 하느님을 향해 깨어 사는 날, 다 함께 모여 공동 기도와 성찬례를 바치는 날이었습니다. 단식은 그리스도인들을 하나의 공동체로 결속했습니다. 그것은 개인적인 고행, 혼자만의 고행이 아니라, 공동 기도와 깨어 있음의 한 형태였습니다.

초기 교회의 그리스도인들은 예수님이 특별히 요구하셨다고 생각해서 단식한 것이 아니었습니다. 오히려 그분은 단식에 비판적이셨습니다. 그리스도인들이 단식을 행한 것은 당시 그들이 처한 환경에서 그것이 경건한 삶의 표시, 하느님 마음에 드는 삶의 표시였기 때문입니다. 그들은 단식을 경건한 행위로 보고 신앙 관습에 받아들였습니다. 또 그들은 고대의 관점, 가령 여러 그리스철학 학파와 민간의학, 온갖 밀의종교의 관점을 상당 부분 공유하고 있었습니다. 그러니 우리가 그리스도교가 단식을 어떻게 이해하고 있었는지 설명하려 한다면, 그리스도교 특유의 요소가 다른 이교적이거나 인간적인 요소와 명확히 분리되지는 않을 것이며, 사실 그것은 그리 중요한 문제도 아닙니다. 그리스도인들은 그들의 관습을 통해 그들보다 앞선 사람들과 지금 그들과 함께 있는 사람들이 경험한 바에 참여하기 마련입니다. 그리고 분명 그 경험이 유익했기에 단식이란 관습이 형성될 수 있었습니다. 물론 단식이 외적 행위에 그치거나 그리스도와 무관한 동기에서 행해지는 것은 위험한 일이었고, 교회도 이 사실을 늘 인식하고 있었습니다. 그저 두려움 때문에 단식한다면, 그것은 자기 자신의 진실이나 하느님께로 이어지지 않습니다.

육과 영의

치유제

"보라, 단식이 무엇을 하는지!
질병을 낫게 하고, 과잉된 체액을 마르게 하며,
악한 영들을 몰아내고, 그릇된 생각들을 쫓아내고,
정신을 맑아지게 하고, 마음을 깨끗하게 하고,
몸을 거룩하게 하고,
결국 인간을 하느님 옥좌 앞으로 이끈다."

_아타나시우스

사람들이 단식에 먼저 기대한 것은 육체와 영혼의 치유 효과였습니다. 단식이 일단 사람들을 마귀의 영향으로부터 보호해야 한다는 것이었습니다. 이러한 관점은 고대인들이 음식 섭취를 이해하는 방식에 근거한 것이었습니다. 그들은 음식을 통해 마귀의 힘이 자신에게 들어올까 두려워했습니다. 고대에는 특정한 음식에 마귀의 특별한 영향이 들어 있다고 믿었습니다. 가령 피타고라스학파는 동물을 죽여 그 살을 먹으면 마귀의 영에 들린다고 생각했고, 그래서 육식을 금지했습니다.

또 어떤 학파는 마귀가 특정 동물에서만 활동한다고 보았습니다. 주술사들은 간질을 일으키는 마귀가 염소 고기에 들어앉아 있다고 믿었고, 돼지고기가 피부병을 유발하고 성욕을 들끓게 한다며 금지했습니다.[6] 그런데 피타고라스학파에 따르면 마귀는 식물에서도 활동할 수 있었고, 이 때문에 그들은 콩을 먹지 못하게 했습니다. 콩에는 죽은 자들의 영이 머물고 있어서, 먹으면 꿈 자리가 사납고 뒤숭숭하다는 것이었습니다.

따라서 여러 단식 규정의 한 가지 근거는 마귀에 들리지 않고 보호받는 것이었습니다. 사람들은 질병에 걸리지 않으려고 질병 마귀가 들어 있는 음식을 멀리했고, 악한 마귀에 지배되지 않으려고 마귀 들린 먹거리를 피했습니다.

고대인들이 단식을 행한 또 다른 근거는 강화 효과였습니다. 이 관점은 무엇보다 민간의학에서 발견되며, 또한 다양한 지향의 주술 의식에서도 발견됩니다. 사람들은 특히 류머티즘이나 카타르 같은 염증 질환이 치유될 것을 기대했고, 또 단식이 악몽에도 좋다고 믿었습니다. 민간의학과 주술 의식 모두, 약을 먹거나 처치를 받기 전에 일정 기간 단식을 하면 더 큰 효과가 있다고 약속했습니다. 그리고 단식은 주술사의 힘도 강화한다고 여겨졌습니다. 수많은 전설 속에서 유명한 주술사들이 보여 준 기적 같은 힘은 그들의 금욕 생활과 관련이 있었습니다.[7]

그리스철학 학파들은 단식이 질병과 마귀의 영향으로부터 보호할 뿐 아니라, 영혼을 정화하고, 자유와 행복, 내적 자족을 가져다줄 것으로 기대했습니다. 그들은 단식을 자신들이 좇는 삶의 목표와 연결 지었습니다. 가령 견유학파의 목표는 절제(egkrateia), 곧 실존에 필요치 않은 모든 욕구를 끊는 능력이었습니다. 그들에게 단식은 이 목표를 향해 가는 길이었습니다.

스토아학파에게 지고의 목표는 행복(eudaimonia), 즉 감정과 비합리적 동기에 흐려지지 않은 이성적인 삶 속에서 내적 자유로 이루어진 행복이었습니다. 그들의 철학에서도 음식에 대한 금욕은 큰 부분을 차지했습니다. 단식은 내적 자유와 이성적인 삶을 위한 훈련, "이성적인 행동을 방해하는 온갖 정념을 극복하는"[8] 훈련이었습니다. 또한 단순한 삶의 방식은 "'방해받지 않는 개인의 영적 안식'이라는 에피쿠로스적 이상"에도 부합했습니다.

고대 철학 학파들에게 언제나 관건은 전인全人이란 궁극적 목표에 이르는 것이었습니다. 단식은 이 목표를 향해 나아가는 길에서 중요한 수단이요 검증된 수단이었습니다. 단식은 사람들의 육체와 영혼을 치유하고, 내적 자유로 인도했습니다. 그것은 자기실현과 내적 행복을 향한 길이었습니다.

힌두교, 불교, 도교 같은 주요 종교도 비슷한 동기를 갖고 있습니다. 중국에는 귀신이 들릴 위험이 있어 밤에는 음식을 먹는 것을 금하는 풍습이 있습니다. 이슬람에서는 라마단이라는 단식월을 그들 고유의 전통으로 발전시켰으며, 그들에게 단식은 타성에 젖은 삶을 치유하기 위해 하느님이 처방하신 약입니다. 부처는 무함마드와 예수 그리스도처럼 단식을 통해 자신의 사명을 준비했습니다. 모든 종교에서 단식은 내면을 정화하는 길,

신과 그 힘을 향해 자신을 여는 길입니다.

고대 철학 학파들의 전통과 같이 교부들도 그들이 남긴 문헌에서 단식이 육체와 영혼에 미치는 긍정적 효과를 강조했습니다. 요한 크리소스토무스는 한 설교에서 단식이라는 약에 대해 언급하며 "애정이 넘치는 아버지이시며, 우리 인간을 사랑하시는 통치자께서"[9] 생각해 내신 것이라고 했습니다.

인간은 본성적으로 욕망에 빠지기 쉽고 절제를 모르기 때문에 이 세상의 것들에 대한 지나친 걱정에서 벗어나 내적으로 자유로워지고, 영적인 것들에 더 몸 바치기 위해 끊임없이 단식해야 합니다.

요한 카시아누스는 말했습니다. "음식의 질만 아니라 양도 마음의 시력을 둔하게 하고, 악덕의 위험한 불씨와 파괴적 불길을 일으키는데, 영혼과 육체가 똑같이 살찌기 때문입니다."[10]

고대 수도승들에게 영혼과 육체 사이에는 분명 긴밀한 연관이 있습니다. 육체가 살찌면 영혼도 살찌고 둔해지기 마련입니다. 과식은 인간의 영적인 깨어 있음을 저

하합니다. 현대 심리학은 육체의 건강과 영혼의 건강이 서로 하나의 조화를 이루고 있다고 말합니다. 우리는 이런 인식을 초기 수도승과 교부들의 문헌에서 거듭 발견할 수 있습니다.

아타나시우스는 이렇게 썼습니다. "보라, 단식이 무엇을 하는지! 질병을 낫게 하고, 과잉된 체액을 마르게 하며, 악한 영들을 몰아내고, 그릇된 생각들을 쫓아내고, 정신을 맑아지게 하고, 마음을 깨끗하게 하고, 몸을 거룩하게 하고, 결국 인간을 하느님 옥좌 앞으로 이끈다. … 단식은 위대한 힘이며, 위대한 일들을 일으킨다."[11]

여기서 질병의 치유 효과는 과잉된 체액이 마른다는 것과 관련이 있어 보입니다. 이는 언뜻 원시적인 민간의학처럼 보이지만, 오늘날의 단식 의학과 비교하여 살펴보면 그 본질적 의미가 선명히 드러납니다. 제1차 세계대전 이후, 독일에서 단식의 치료 효과를 발견하고 수많은 사례에서 치료적 단식을 시행하여 큰 성공을 거둔 부힝거 박사는 이렇게 말합니다. "치료적 단식은 본질적으로 제거 치료이며, 몸 전체의 조직과 체액을 정화하는 치료입니다. '몸 전체를!' 저 고대에 갈레노스가 남긴 이 문장은 말 그대로 옳습니다. '절제는 몸 전체를 고르게 정화한다'(Abstinentia totum corpus aequaliter purgat)."[12]

그리고 부힝거는 단식 중에 일어나는 신체적 과정에 대해 이렇게 설명합니다. "먼저 간에 저장된 글리코겐과 혈액 속을 순환하고 있는 가용 영양소가 분해되면서, 신체는 약 3일 동안 가까스로 유지됩니다. 모든 물질대사 과정이 최대한 경제적으로 설정됩니다. 이제 '자급자족'이 시작됩니다. 즉, 신체가 경제적으로 자기 자신 안에서 순환하는 것입니다. 신체는 질소 균형을 유지하기 위해 어떠한 단백질 저장소든지 공격해야 할 필요에 직면합니다. 풍부한 경험에 비추어 볼 때, 이러한 목적을 위해 무엇보다 구조들이 파괴되고, 세포 상태에서 방해가 되거나 질병을 일으키는 물질들, 가령 병리학적 삼출물, 섬유화된 조직, 침착물, 이물질, 화농물, 약한 조직, 어떤 식으로든 해가 되는 여타 물질 등이 분해됩니다."[13]

따라서 단식을 하면 해로운 물질이 배출되고 신체가

정화되어 여러 질병에서 벗어나게 됩니다. 단식은 늙고 병든 세포를 분해하여 젊은 세포의 형성을 새롭게 촉진합니다. "모든 단식이 신체에 엄청난 재생 효과를 내는 이유가 바로 이것으로 설명됩니다."[14] 단식은 류머티즘, 관절염, 동맥경화, 그리고 피부 질환에 특히 효과적입니다. 현대 단식 의학이 발견한 이 사실은 우리가 살펴본 바와 같이 이미 고대 민간의학에서 알려져 있던 것들입니다.

그런데 아타나시우스는 단식의 육체적 효과에만 그치지 않습니다. 단식은 악한 영들을 몰아내고, 그릇된 생각들을 쫓아내며, 정신을 더 맑아지게 합니다. 육체와 영혼을 깨끗하게 합니다. 이것은 아타나시우스가 인간을 현실적으로 이해하고 있음을 보여 줍니다. 그는 인간을 육체와 영혼이 하나로 묶인 존재로 보았습니다. 그에게 맑은 생각과 건강한 육체 사이에는 서로 밀접한 관련이 있습니다. 건강한 육체를 중요히 여긴다면 좋은 생각을 가질 수 있도록 신경을 써야 합니다.

또 반대로, 육체를 먹을 걸로 가득 채운다면 맑은 정

신을 기대할 수 없습니다. 아타나시우스는 단식이 육체를 거룩하게 한다고 말했습니다. 육체는 단식을 통해 성령의 성전이 됩니다. 하느님의 영이 스며들 수 있게 됩니다. 인간은 영혼만 아니라 육체로도 주님께 속해 있습니다. 육체는 단지 우리가 소유한 어떤 대상이 아니라, 우리의 존재 그 자체입니다. 우리 자신을 하느님께 열기를 원한다면, 우리는 먼저 육체부터 시작해야 합니다. 우리가 주님께 속하기를 원한다면, 이것은 육체적으로도 느껴져야 합니다.

단식은 "몸을 거룩하게 하고, 결국 인간을 하느님 옥좌 앞으로" 이끕니다. 우리를 하느님 현존 속에 세웁니다. 우리의 상처를 열고 하느님을 향해 나아가게 하며, 이로써 우리의 갈망을 성급하게 다른 데서 구하지 않도록 합니다. 곧, 인간이나 이 세상의 아름다움에 만족하지 않도록 합니다. 단식은 우리의 상처를 서둘러 덮어 버리고, 그것을 대리 만족으로 채우지 않도록 막아 줍니다. 단식은 우리의 근원적 사명을 몸으로 느끼게 하며, 또한 우리가 하느님께로 가는 길 위에 있음을, 오직 하느님만 우리의 깊디깊은 근심을 달래 주실 수 있음을 느끼게 합니다.

대 바실리우스는 자신의 설교에서 단식이 육체와 영혼에 미치는 치유 효과를 거듭 강조했습니다. 그는 의사들이 병자들에게 단식을 처방한다는 사실과 온갖 진귀한 음식을 더는 내려가지 못할 정도로 먹는 몸이 가벼운 음식을 적당히 먹는 몸보다 질병에 잘 걸린다는 사실을 상기시켰습니다. 또 단식이 죄를 다스리는 효과적인 약이라고 했습니다. 우리는 이 약에 기뻐해야 합니다. 그리고 다른 이들에게 무슨 금욕적인 사람처럼 보이려고 가장하지 말고, 기쁜 얼굴로 단식해야 합니다. 그렇지 않으면 단식도 아무 소용이 없습니다.

"마찬가지로, 이 세상의 많은 사람이 무대에서 자신을 연기하는 것처럼 행동하며, 마음속에 가지고 있는 것과 다른 것을 사람들에게 보여 줍니다. 그러니 그대의 얼굴을 더럽히지 마십시오. 있는 그대로 보이십시오. 금욕적인 사람이라는 평판을 얻기 위해 침울한 척하지 마십시오. 모름지기 선행은 나팔을 불면 아무 유익이 없고 단식이 사람들에게 알려지면 아무런 이득이 없습니다. 허세를 부리면 내세에 아무런 열매를 맺지 못하고 사람들의 칭찬을 받는 것으로 끝이 납니다. 그러므로 단식의 선물을 향해 기쁘게 달려가십시오."[15]

　대 바실리우스는 또 다른 설교에서 단식이 평화를 불러온다며 찬양했습니다. "모든 사람이 단식을 자신의 행동에 대한 조언자로 삼는다면, 심오한 평화가 전 세계로 퍼지는 것을 그 무엇도 막지 못할 것입니다. 나라들은 서로 대립하지 않을 것이고, 군인들도 전투를 벌이지 않을 것입니다. … 사막에는 범죄자들이 도시에는 중상 모략자들이, 바다에는 해적이 없을 것입니다. … 또한 단식이 우리의 삶을 주관한다면, 우리의 삶이 이렇게 한탄스럽고 비통하지 않을 것입니다. 단식은 모든 사람에게 음식을 스스로 통제하게 해 줄 뿐만 아니라 탐욕과 식탐과 모든 종류의 악을 완전히 피하고 멀리하도록 가르쳐 줄 것이 분명하기 때문입니다."[16]

　대 바실리우스는 단식이 개인만 아니라 사회 전체에도 영향을 미친다고 보았습니다. 이제 우리는 이런 사회적 의미를 새롭게 생각해 봐야 합니다. 함께 단식할 때, 우리는 이 사회에 긍정적인 영향을 미치는 에너지를 만들어 낼 수 있습니다. 함께 단식하는 이 시간은 개인적인 정화와 성숙의 시간일 뿐 아니라, 전 세계를 위한 치유의 시간이기도 합니다. 단식도 공적일 필요가 있습니다. 물론 단식을 자랑거리로 삼아서는 안 되지만, 단식을 공적으로 드러낼 용기는 필요합니다. 이에 다른 이들도 영감을 받아서 쉴 새 없이 돌아가는 소비의 쳇바퀴에서 벗어나고, 영적으로 새로 나게 해야 합니다. 이로써 우리는 매일 무엇인가 사들여야 한다고 거듭 꼬드기는 각종 광고로부터 벗어날 수 있습니다.

우리는 단식이 평화를 가져온다고 생각한 교부들을 적잖이 발견할 수 있습니다. 페트루스 크리솔로구스는 이렇게 말했습니다. "단식은 육체의 평화입니다."[17]

요한 클리마쿠스도 비슷한 효과를 언급했습니다. "수다를 막고, 근심을 달래며, 순종을 보호하고, 잠을 위로하고, 몸을 치유하고, 영을 만족게 합니다."[18]

불화는 무절제에서, 곧 욕망과 충동의 지배를 받는

데서 생깁니다. 단식은 인간을 훈련시키고, 욕망의 지배에서 벗어나게 하여, 내적 자유를 선사합니다. 그러나 이 평화가 순전히 영적인 것만은 아닙니다. 페트루스 크리솔로구스가 말했듯이 이는 육체의 평화이기도 합니다. 육체는 한편으로는 과식 때문에 생기는 소화 부담을 받지 않음으로써, 다른 한편으로는 충동을 절제함으로써 평안히 쉽니다. 이와 같이 교부들은 단식에 대해 일관된 이해를 보였습니다. 육체와 영혼이 하나로 묶였다고 보았습니다.

교부들은 그저 육체의 건강이나 영혼의 치유에만 관심을 둔 것이 결코 아니었습니다. 그들에게 관건은 전인이었습니다. 올바르게 살아갈 때, 육체와 영혼의 소리에 귀를 기울일 때 비로소 인간은 건강히 살 수 있습니다. 교부들에게 단식은 외적인 것에 그치는 훈련, 곧 하느님께 내세울 수 있는 행위가 절대 아니었습니다. 오히려 그것은 전체로서의 인간이 올바른 상태에 이르기 위한 훈련이었습니다. 육적 단식에는 반드시 영적 단식이 함께 따라야 합니다. 달리 말해, 올바로 이해한 육적 단식은 언제나 영적 단식이기도 합니다. 왜냐하면 인간은 그 속에서 자신의 육체만 아니라 자신의 욕망, 자신의 생각과도 싸우기 때문입니다.

욕망과 악습과의 싸움

"단식은 육체를 겸손하게 하고,
깨어 있음은 영혼을 정화한다."

_압바 롱기누스

단식을 악습에 맞선 싸움으로 이해하는 모습은 무엇보다 고대 수도승생활에서 찾아볼 수 있습니다. 그런데 수도승들에게 악습은 우리가 싸워야 할 결점과는 거리가 멉니다. 그들은 악습보다는 욕망과 욕정(pathos)에 대해 이야기합니다. 욕망은 인간이 자신의 삶을 살아가는 데 필요한 힘입니다. 그렇지만 욕망에는 무절제로 흘러 인간을 지배하려 드는 경향이 있습니다.

따라서 악습과의 싸움은 욕망과의 싸움에 더 가깝습니다. 여기서 관건은 한 심리학자의 표현처럼 자신의 욕망, 자신의 욕정에 사로잡힌 병적 상태에서 벗어나는 것입니다. 욕망이 우리 자신에게, 우리 삶의 근원적 의도에 부합하도록 잘 다루는 것입니다. 그러면 욕망은 우리를 하느님께로 이끄는 힘이 됩니다. 수도승들이 악습에 맞선 승리에 대해 말할 때, 그것은 그들이 악습을 근절했다는 뜻이 결코 아닙니다. 오히려 승리란, 그들이 더는 욕망에 지배받지 않고, 그 욕망을 하느님을 찾는 데, 사람들을 사랑하는 데 투입한다는 의미입니다. 곧, 우리는 단식을 통해 욕망을 정화하고 변화시켜, 우리 안의 긍정적인 힘으로 만들어야 합니다. 그리스도인은 하느님을 이 정화된 욕망으로 사랑해야 하며, 형제자매를 위해 이 정화된 욕망으로 투신해야 합니다.

수도승들은 그들의 본질적 목표인 마음의 순결을 얻기 위해 싸우는데, 이 싸움에서 쓰는 검증된 수단이 바로 단식입니다. 그들은 하느님께 열려 있기를 원합니다. 끊임없이 하느님 현존 속에 살면서 그들의 생각과 감정이 하느님 곁에, 하느님 안에 있기를 원합니다. 그들에게 마음의 순결이란 마음이 온전히 그분을 향하고 그분의 영이 스며들어서 마음의 평정에 이른 것을 의미합니다. 이 목표를 이루기 위해 수도승들은 기도와 묵상, 침묵과 노동, 형제 사랑, 그리고 단식 등 갖가지 수단을 사용하며, 이 모든 수단은 서로 연관되어 있습니다. 그러니 단식에 대해 말할 때, 우리는 그것이 기도와 노동, 형제 사랑 등과 긴밀한 연관이 있음을 항상 염두에 두어야 합니다.

수도승들은 악습과의 싸움을 단식으로 시작합니다. 그들이 온전히 하느님을 향하는 것을 방해하려 드는 영혼의 적들과의 싸움을 바로 단식으로 벌이기 시작합니다. 이에 요한 콜로부스는 말했습니다.

"적들의 도시를 정복하려 하는 왕은 먼저 마실 물부터 장악하고 식량 보급도 끊어 버립니다. 그러면 적들은 굶주림에 기진맥진하여 저절로 항복하기 마련입니다. 육체의 욕망들도 마찬가지입니다. 수도승이 단식과 굶주림으로 맞서 싸우면 영혼의 적들은 힘을 잃고 무너집니다."[19]

수도승들이 단식할 때 적들과 벌이는 싸움은 접촉으

로 시작됩니다. 단식 중에 나는 일단 내 적수가 누구인지 알게 됩니다. 좋은 음식과 음료를 먹고 마시면 나는 많은 것을 억눌러 놓을 수 있습니다. 내 마음 저 깊은 곳에 있는 불쾌함과 공허함이 전혀 의식 위로 떠오르지 않습니다. 단식 중에 나는 나 자신을 마주하고, 내 영혼의 적들, 나를 내 안에 가두어 놓는 것들을 마주합니다. 한번은 우리 수도원에서 단식에 대해 토론이 벌어졌습니다. 어떤 형제가 말하기를, 단식을 하지 않고 기분이 좋은 것이 단식을 하며 계속 기분이 안 좋아서 남들에게 짐이 되는 것보다는 낫지 않냐고 했습니다. 그러자 다른 형제가 그건 이치에 맞지 않는 말이라고 답했습니다. 그저 잘 먹고 잘 마심으로써 나쁜 기분을 회피한다면, 결코 나 자신을 알게 되지 못할 것입니다. 그렇게 한다면 기껏해야 먹고 마실 때만 기분이 좋지 않겠습니까? 내 안에 있는 내적 평화의 근원은 무엇입니까? 나를 진정으로 기분 좋게 하는 건 무엇입니까? 먹고 마시는 것을 향한 나의 욕구가 충족되어야만, 나 자신과 하느님께 만족할 수 있습니까?

모든 즐거움을 거부하여 타인에게 불쾌한 존재가 된다면, 그건 분명 바람직한 일이 아닙니다. 단식이란 그런 것이 아닙니다. 관건은 '나를 붙잡아 주고 있는 것이 무엇인지', '내가 저 근원에서 무엇으로 살아가고 있는지' 발견하는 일입니다. 내 귀를 막거나 내 눈을 멀게 하는 온갖 대리 만족거리들을 단식 중에 의식적으로 내려놓을 때, 비로소 나는 내 안의 속 깊은 진실을 깨닫습니다. 내 들끓는 생각과 감정 위에 놓여 있는 덮개를 나는 단식 중에 벗겨 냅니다. 이로써 내 안에 있는 모든 것이 떠오를 수 있습니다. 충족되지 못한 내 소망과 갈망, 내 욕망이 위로 떠오르며, 또한 나 자신에 대한 집착, 내 성공과 내 소유, 내 건강과 내 인정 욕구에 대한 집착이 떠오르는 것입니다.

단식하는 동안 나는 어떤 친절한 모습 뒤에 숨어 있는 부정적인 감정, 곧 슬픔이나 분노 같은 감정을 마주합니다. 이런저런 활동을 함으로써, 이것저것 먹고 마시며 스스로를 위로함으로써 애써 덮어 놓은 상처가 터집니다. 여태 억눌러 놓은 것들이 죄다 드러납니다. 단식은 내가 누구인지 벗겨 내 보입니다. 단식은 나에게 어떤 위험이 있는지, 내가 어디서 싸워야 하는지 알려 줍니다.

그런데 요한 콜로부스는 단식이 나의 욕망을 드러낼 뿐 아니라, 내 영혼의 적들이 힘을 잃게 만든다고도 했습니다. 단식이 그들의 힘을 빼앗아 버리는 것입니다. 나는 단식에 들어가며 내 분노를 마주하는 데 그치지 않습니다. 단식을 통해 그 분노가 변화할 수도 있습니다. 분노는 점점 그것이 본래 의미하는 것, 곧 경계를 정하여 거리를 두는 능력, 타인의 부정적 영향으로부터 자신을 보호하는 능력, 무언가에 덤벼들어 문제를 해결하는 능력으로 변화합니다. 요한 콜로부스는 물을 비유로 들며, 단식이 부정적 감정의 에너지를 끊어 버린다고 했습니다. 그러면 부정적 감정은 두 손 들고 항복하여 변화할 수밖에 없습니다.

고대 수도승들의 이러한 경험은 신약 성경에서도 확인되는데, 예수님이 유혹을 받으신 이야기 (마태 4,1-11)가 바로 그것입니다. 예수님이 광야에서 사십 일을 단식하셨을 때, 유혹자가 다가왔습니다. 예수님은 당신의 사명과 인간으로서의 당신 존재에 대한 본질적 위험에 직면하셨습니다. 자칫하면 좌절하여 하느님을 거스를 위험에 처하셨습니다. 유혹 이야기는 결국 우리 모두가 처한 위험을 드러내며, 예수님이 악마와 싸우시는 모습을 통해 우리가 유혹에 어떻게 맞서야 하는지, 특히 광야에서 단식 중에 있을 때 들이닥치는 유혹을 어떻게 다뤄야 하는지 보여 줍니다. 하느님은 우리 마음속을 알아보시려고 광야에서 시험하십니다(신명 8,2). 예수님이 이겨 내셔야 할 유혹은 세 가지였습니다.

첫 번째 유혹은 하느님의 아들이라는 신분을 남용하여 자신의 욕구를 충족하는 것, 음식과 음료를 탐닉하는 것입니다. 돌들을 빵으로 만들라는 말은, 나에게 없는 것을 탐하여 먹고 마시라는 뜻입니다. 곧, 세상 모든 것을 그저 탐닉의 대상으로 삼으라는 소리입니다. 예수님은 이 유혹을 이겨 내셨는데, 왜냐하면 그분에게는 음식이나 음료보다 하느님의 말씀이 더 중요하며 더 큰 양식이기 때문입니다.

두 번째 유혹은 겉으로 드러나는 명예를 향한 병적 욕망입니다. 이제 예수님은 성전 꼭대기에서 저 밑으로 몸을 내던져야 합니다. 곧, 자신을 한가운데 세워 놓고 사람들의 찬사를 받으려고 하느님의 힘을 함부로 휘둘러야 합니다. 예수님은 이 유혹도 물리치셨습니다. 그분은 하느님의 명에 따라 사셨으며, 하느님을 당신을 위해 이용하려 들지 않으셨습니다.

세 번째 유혹은 권력과 탐욕에 관한 것입니다. 악마는 예수님이 자신에게 엎드려 절하면 세상의 모든 나라를 소유하여 다스리게 해 주겠다고 꼬드겼습니다. 예수님은 권력과 재물이라는 우상 앞에 엎드리지 않고 오직 하느님을 주님으로 섬김으로써 이 유혹을 이겨 내셨습니다. 그러자 유혹의 산은 낙원의 산이 되었습니다. 천사들이 다가와 그분을 받들었습니다.

유혹 이야기는 우리가 어떻게 우리의 인간 존재를 그르칠 수 있는지 보여 줍니다. 우리도 마찬가지입니다. 단순하고 소박하기보다 모든 것을 소유하고 싶은 유혹에 빠지며, 자신을 타인 위에 세우려고 영성을 악용하고 싶은 유혹이나, 하느님께 엎드려 절하기보다 권력이라는 우상을 섬겨 타인에게 휘두르고 싶은 유혹을 받고는 합니다. 이때 우리에게 위험을 일깨워 주는 것이 바로 단식입니다. 예수님은 광야에서 단식하셨습니다. 광야와 단식은 서로 뗄 수 없는 관계에 있습니다. 둘 다 우리에게 우리 자신의 벌거벗은 모습을 직면케 합니다. 우리 자신의 소망과 갈망, 생각을 가리고 있는 덮개, 감추고 있는 덮개를 벗겨 냅니다.

광야에서 우리는 무방비 상태입니다. 숨을 데가 없습니다. 그리고 단식은 이런 무방비 상태에서 우리를 더 취약하게 만듭니다. 밀려오는 공허함을 더는 막을 길이 없고, 치밀어 오르는 욕망과 욕구를 더 이상 억누를 수도 없습니다. 우리는 우리 내면의 지배권을 차지하려 드는 온갖 힘과 인정사정없이 맞서게 됩니다. 결국, 이것은 '우리 내면의 지배권을 악마에게 넘겨줄지, 아니면 하느님께 드릴지', '우리 자아를 떠받들지, 아니면 하느님을 섬길지', '우리 자신에게 집착할지, 아니면 하느님이 우리에게 스며들어 오시게 할지' 하는 문제입니다.

수도승들은 예수님이 받으신 세 가지 유혹을 '여덟 가지 악습에 대한 가르침'과 관련지었습니다. 이 가르침을 누구보다 명확하게 펼친 에바그리우스 폰티쿠스는 자신의 저작에서 아홉 가지 '로기스모이'*logismoi*, 곧 인간을 압박하는 아홉 가지 '생각 구조들', '욕망들', '감정적인 생각들'에 대해 언급했습니다. 하느님께로 가는 길 위에 선 인간이라면 누구나 이 생각들과 맞붙을 수밖에 없습니다. 여기서 에바그리우스는 무슨 도덕을 논하는 게 아니라, 심리학적으로 설명합니다. 그는 이 욕망들을 어떻게 다루어야 하는지 일러 주며, 이로써 우리가 더는 그것들에 지배되지 않도록 합니다.

에바그리우스가 말한 아홉 가지 욕망은 에니어그램 이론의 아홉 가지 인간 유형을 떠오르게 합니다. 각각의 유형에는 저마다 고유의 위험 요소가 있으며, 또 에니어그램도 근원적인 죄에 대해 이야기합니다. 그래서 어떤 사람들은 오늘날 새롭게 재발견된 이 이론, 곧 인간과 그 내적 구조에 대한 이 이론을 대표하는 한 인물이 에바그리우스라고 말합니다. 이런 의미에서 우리는 욕망을 악습으로, 인간이 가진 위험 요소로 말할 수도 있습니다. 악습과의 싸움에서 관건은 잘라 내는 것이 아니라, 달라지게 하는 것입니다. 우리가 스포츠에서 흔히 쓰는 승리라는 표현은 결국 변화를 뜻합니다. 내가 승리해 낸, 내가 맞서 싸워 이겨 낸 악습은 나의 삶에 유익하게 쓰이기 마련입니다.

단식 기간 동안 수도승들은 무엇보다 '탐식'과 '음욕', '탐욕'이란 세 가지 악습과 싸웁니다. 이 세 가지 악습은 단식을 통해 올바른 길로 인도되어야 할 내적 충동입니다. 탐식은 육체에 해를 끼칠 뿐 아니라, 영혼도 둔하게 만듭니다. 지나치게 먹게 되면 에너지를 빼앗기며, 우리 영혼도 배가 불러 굼떠집니다. 이것은 우리를 우리 자신의 마음과 갈라놓을 수 있습니다. 그러면 우리는 우리 자신을 느끼지 않으려고 모든 것을 틀어막습니다. 우리 내면의 분노와 대화를 나누기보다 오히려 그 감정이 못 나오게 막는 것입니다.

요한 카시아누스는 그저 단식만 아니라, 영적 독서와 기도를 통해서도 탐식과 싸우라고 조언하여, 이로써 영혼이 하느님의 것들을 향하도록, 음식이나 음료보다 하느님의 것들에 맛을 들이도록 합니다. 인간은 빵으로만 살지 못하고 하느님의 말씀으로 사는 법입니다.[20]

고대인들은 탐식이 음욕과 밀접한 관련이 있다고 보았습니다. 아리스토텔레스는 말하기를, 과다한 음식은 정자로 바뀌고 정자가 과다하면 성적 욕망이 끓어오른다고 했습니다.[21] 설령 이 견해가 틀렸다고 하더라도, 이는 사치스러운 음식과 음료, 특히 술이 성욕을 자극한다는 수도승들의 경험과 어느 정도 일치합니다. 수도승들은 적당히 먹고 적당히 마셔야만 성욕을 잘 다룰 수 있다고 믿었습니다. 이에 한 교부는 이렇게 말했습니다.

"압바 모세가 말했습니다. '한창 젊었을 때 일입니다. 어느 날 음욕이 나를 괴롭혀 댔습니다. 나는 사막 더 깊은 곳으로 들어가서 42일을 거기 머물렀습니다. 빵도 먹지 않고 물도 마시지 않았습니다. 자려고 눕지도 않았습니다. 나는 주님께 기도했고, 주님께서 나를 그 유혹에서 구해 주셨습니다. 그 후로는 일생 동안 음욕에 시달리지 않았습니다.'"[22]

물론, 단식만으로 성욕을 자제할 수 있다는 망상은 반드시 경계해야 합니다. 그러면 지나친 금욕으로 자신의 성욕과 함께 삶의 생기도 잃을 위험이 있습니다. 단식은 삶을 부정하는 행위로 이어져서는 안 되며, 또 무엇보다 자신의 충동이 두려워서 단식 중에 자기 자신과 싸워서도 안 됩니다. 두려움은 언제나 나쁜 조언자이며, 충동을 다룰 때는 더욱 그렇습니다.

오히려 우리는 건강한 금욕을 통해 우리 안에 있는 선을 끌어내고 충동을 변화시켜, 이로써 충동 속에 내재한 힘을 우리에게 계속 유용하게 써야 합니다. 여기서 충동은, 말 그대로 우리를 충동질하여 삶으로 이끌고, 궁극적으로는 하느님께로 이끕니다. 이때 관건은 충동을 길들이되, 부드럽게 길들이는 것입니다. 충동을 잘라 버리는 것, 꺾어 버리는 것이 아닙니다. 단식의 목표는 과도한 충동, 무질서한 충동을 걷어 내는 것입니다. 우리는 식욕과 성욕에 대한 두려움 때문에 단식해서는 안 됩니다. 충동이 우리를 가지고 노는 것이 아니라, 우리가 충동을 자유롭게 다룰 수 있다는 희망 때문에 단식해

야 합니다.²³

우리는 단식 중에 자신의 충동을 어떻게 다뤄야 하겠습니까? 수도승들은 이 문제를 겸손과 교만이란 주제로 풀어냅니다. 단식이 우리를 교만하게 만든다면, 그것은 우리가 충동을 너무 가혹하게 다룬다는 표시입니다. 또 우리가 자신의 힘으로 충동을 억제할 수 있다고 믿고 있는 것입니다. 우리는 자신 안에 있는 '짐승'을 억누르고 그 힘을 꺾어 버리려 하며, 이를 통해 타인 앞에서 돋보이려 합니다. 동시에 타인의 시선도 우리를 자극하여 그런 가혹한 태도를 취하게 하고, 단식을 엄격히 이행하게 합니다. 우리는 타인의 인정을 받음으로써 고통을 잊기 때문에 오랜 기간 단식을 견뎌 냅니다. 사람들의 찬양을 먹고 견디는 것입니다. 교부들의 금언에는 이런 이야기가 있습니다.

"어느 마을에 단식을 하도 자주 해서 '단식가'라고 불리는 사람이 있었다고 한다. 압바 제논이 그에 대해 듣고서는 사람을 보내 그를 불렀다. 그가 기쁜 마음으로 왔고, 그들은 기도를 바치고서 자리에 앉았다. 원로가 침묵에 잠겨 일을 하기 시작했다. 원로와 이야기를 나눌 틈이 안 보이자 그는 슬슬 지루해져서 괴로웠다. 그래서 말했다. '압바, 저는 이제 가고 싶습니다. 그러니 저를 위해 기도해 주십시오.' 그러자 원로가 물었다. '어째서 그렇소?' 그가 답했다. '제 마음이 불타는 듯한데, 어찌 된 일인지 모르겠습니다. 마을에 있을 때 저는 저녁까지 단식을 했는데, 그때는 이런 일이 전혀 일어나지 않았습니다.' 원로가 말했다. '그것은 당신이 마을에서 당신 귀로 듣기 좋은 소리를 잔뜩 먹었기 때문이오. 당장 가서 지금부터는 제9시에 식사를 하고, 무슨 일을 하든지 은밀히 하십시오!' 그는 그렇게 하기 시작했지만, 제9시까지 기다리는 것을 버거워했다. 그러자 그를 아는 사람들이 말했다. '단식가가 악령에 사로잡혔군.' 이에 그는 원로에게 돌아가서 모든 일을 이야기했지만, 원로는 이렇게 말할 뿐이었다. '그것이 진정 하느님의 길이라오!'"[24]

타인의 인정을 받으려고 단식한다면, 그 사람은 긍정적 효과를 경험하지 못합니다. 그는 단식을 통해 변화하지 않습니다. 더 자유로워지지도 않고, 하느님께서 더 스며드실 수 있게 되지도 않습니다. '짐승'을 억누른다고 해서, 그가 더욱 인간답게 되는 것은 아닙니다. 오히려 충동을 억제했음에도, 이제 그는 형제들을 잡아먹는 짐승, 곧 형제들을 멸시하고 판단하고 비방하는 짐승이 되어 버립니다. 그런 충동은 길들여지지 않고 그저 억눌렸을 뿐이며, 의식하지 못한 채 관계의 차원으로 옮겨 갑니다. 내가 단식을 올바르게 하고 있는지 점검하는 한 가지 방법은 타인을 어떻게 대하는지, 특히 타인에 대해 어떻게 말하는지 살펴보는 것입니다. 만약 타인을 나쁘게 말한다면, 나는 단식의 의미를 이해하지 못한 것입니다. 그럴 때는 단식을 멈추는 게 낫습니다. "형제들을 헐뜯음으로써 그들의 살을 먹는 것보다는, 차라리 고기를 먹고 포도주를 마시는 게 더 낫습니다."[25]

나쁜 생각을 삼가는 것도 단식의 한 부분입니다. 교부들의 금언에 이런 이야기가 나옵니다.

"'아들아, 너는 단식할 때 무엇을 하느냐?' 이에 형제가 답했다. '아침에는 종려나무 가지를 엮고, 일을 하면서 시편을 묵상합니다. 바구니를 하나 다 만들면 기도를 바치고, 점심에 잠시 눈을 붙였다가 일어납니다. 그런 다음 방에서 나가 바구니 세 개를 엮을 때까지 다시 일합니다. 저녁에는 기도를 바친 다음에 일백 번 절을 올리고 성무일도를 위해 일어섭니다. 다음 날이 되면 제9시에 음식을 만들어 배불리 먹습니다.' 원로가 말했다. '아들아, 그건 단식이 아니다. 만약 네가 음식을 삼가면서 남에 대해 나쁜 말을 하거나, 남을 판단한다면, 남에게 앙심을 품거나, 나쁜 생각을 염두에 두거나, 무슨 짓을 하려고 안달을 부린다면, 빈속으로 있는 것보다 종일 먹으면서 그 모든 일을 피하는 것이 훨씬 낫다. 음식을 삼가면서 다른 모든 욕망을 좇는 것이 무슨 소용 있겠느냐? 생각으로 자신의 욕망을 채우는 자는 외적인 음식 없이도 무언가를 먹고 마신다는 것을 너는 모르느냐? 하느님 마음에 들도록 삼가면서 단식을 행하려 한다면, 모든 나쁜 말이나 뒤에서 헐뜯는 말, 모든 판단을 경계하고, 나쁜 이야기에 귀를 닫아야 할 일이다. 육과 영의 모든 더러움에서 (2코린 7,1), 모든 원한과 시기에서 네 마음을 깨끗이 하여라.'"[26]

육적 단식은 영적 단식, 곧 나쁜 생각을 삼가는 것과 결합되어 있어야 합니다. 그러나 나쁜 생각은 음식처럼 쉽게 금할 수 있는 게 아닙니다. 그런 생각은 끊임없이 떠오르기 마련입니다. 수도승들에게 영적 단식이란 나쁜 생각에 맞선 싸움을 뜻합니다. 이 싸움에서 수도승들은 검증된 수단인 '침묵', '노동', '기도', '묵상'을 사용합니다. 그런데 이 싸움에는 육적 단식 또한 필요하며, 육적 단식 없이는 영적 단식도 불가능합니다.

"한 원로가 이렇게 말했다. '음식과 음료로 배를 채우는 사람은 기도를 게을리하며, 자신의 생각에 맞서 싸움을 벌일 수 없다. 배고픔과 깨어 있음은 나쁜 생각에서 마음을 정화하고 적의 공격에서 몸을 정화하여, 그로부터 성령의 거처를 마련한다."[27]

따라서 육적 단식은 영적으로 단식하기 위한 조건, 나쁜 생각과의 싸움에서 승리하기 위한 조건입니다. 나는 육적으로 단식함으로써 내 영에도 영향을 미쳐, 내 영을 더 큰 깨어 있음으로 이끌 수 있습니다.

누군가가 단식 중에 교만해진다면 그는 그 본질을

이해하지 못한 것입니다. 진정한 단식은 언제나 인간을 겸손하게 만듭니다. 압바 롱기누스가 말했습니다. "단식은 육체를 겸손하게 하고, 깨어 있음은 영혼을 정화한다."[28]

또한 교부들의 금언에도 이런 이야기가 있습니다. "형제가 물었다. '수도승이 행하는 단식과 철야는 어떻게 되는 것입니까?' 이에 원로가 답했다. '그것들은 영혼을 겸손하게 합니다.'"[29] 압바 포이멘은 이렇게 말했습니다. "빵을 절제하여 주지 않는다면 그 영혼은 절대 겸손하지 않습니다."[30]

올바른 방식으로 단식을 실천하는 사람은 겸손해집니다. 우리는 이를 어떻게 이해해야 하겠습니까? 겸손은 자신의 인간 본성으로, 자신의 저 흙바닥으로 내려가는 용기를 뜻합니다. 라틴어에서 '겸손'(humilitas)이라는 말은 '흙'(humus)이란 말에서 왔습니다. 우선 단식은 우리 자신을 직면케 합니다. 곧, 우리의 소망과 욕망, 우리의 생각과 감정, 우리의 그림자를 직면시킵니다. 자신의 그림자를 인식하는 것만으로도 우리는 조금 더 겸손해집니다. 아울러 단식은 우리를 우리 한계까지 끌고 갑니다. 이 체험은 우리가 육체와 영혼을 함께 가진 인간임을, 우리가 육체를 벗어날 수 없음을 명확히 보여 줍니다. 또 우리가 육체를 버릴 수 없음을, 우리 멋대로 할 수 없음을 일깨워 줍니다. 우리는 우리 육체를 받아들여야 하며, 무엇보다 그 결핍, 그 부족함을 받아들여야 합니다. 우리는 우리 육체를 인정해야 합니다. 단식 중에 우리는 자신의 결핍을 직면합니다. 곧, 우리는 우리 자신만으로 충분하지 못하며, 우리 자신 안에서 안식하지 못합니다.

하느님 앞에 주린 배로 앉아 있는 사람은 충족을 향한, 채워짐을 향한 갈망을 느낍니다. 그는 자신이 외적인 것에 의존하고 있음을, 외적인 것이 충족되어야 함을 제 몸으로 깨닫습니다. 그리고 자신이 물질임을, 이에 물질의 법칙을 따를 수밖에 없음을 제 피부로 직접 겪습니다. 육체가 제 목소리를 내고, 영혼은 육체를 종으로 부릴 수 없습니다. 영혼은 육체에 귀를 기울여야 하고, 육체를 살피고 아껴야 합니다. 이 체험이 우리를 겸손하게 만듭니다. 단식 중에 우리는 자신의 육체적 본성을 깨닫고, 또 자신의 존재가 미약하며 물질의 법칙에 종속되어 있음을 깨달으며, 그리고 이 사실을 스스로 받아들이게 됩니다.

단식은 육체와 그 법칙에 대한 분노가 아니며, 육체를 벗어나려는 영혼의 필사적인 시도도 아닙니다. 오히려 단식은 자신의 진실에 점점 더 가까이 다가가는 길입니다. 우리 자신을 잘 대할 수밖에 없는 길, 우리 내면의 선한 본질을 족쇄에서 풀어 주는 길입니다. 단식 중에 우리는 자신과 싸우는 게 아닙니다. 우리 자신이 하느님의 모습으로 창조된 아들딸이 되지 못하도록 막으려 드는 영혼의 적들과 싸우는 것입니다. 아우구스티누스도 이런 의미에서 단식을 이해했습니다. 그는 단식이 제 육체를 미워하는 게 아니라, 욕망의 나쁜 습관과 싸워서 육체의 회복에 기여하는 것이라고 말했습니다.

"이 일은 부활 후에나 일어나 육이 모든 면에서 최고의 평정을 누리고 영에 복종한 채로 불멸하여 활동할 것이지만, 현세에서도 이 일을 묵상하여 육적인 습성이 더 좋아지고 무질서한 경향들로 말미암아 영에 저항하는 일이 없도록 해야 한다. 그 일이 이루어지기까지 육은 영을 거슬러, 영은 육을 거슬러 욕망할 것이다. 영이 저항하는 것은 미움 때문이 아니라 주도권 때문이니, (영이) 사랑하는 (육이) 더 좋은 것에 귀속되기 바라는 까닭이다."[31]

건강한 단식은 이웃 사랑과 자선과 결합되어 있어야 합니다. 단식보다 형제 사랑이 중요합니다. 형제 사랑을 가로막는다면 그 단식은 깨야 합니다. 따라서 단식은 인간을 압박하는 세 번째 악습, 즉 탐욕을 변화시킵니다. 나는 모든 것을 혼자 움켜쥐는 대신, 내 소유를 타인과 나누어야 합니다. 형제를 사랑한다는 것은 결국 탐욕이 변화한다는 것입니다. 나는 나 자신과 내 욕구에만 머무르지 않고, 내 형제자매를 바라보며 내 것을 그들과 함께 나눌 준비가 되어 있습니다. 요한 카시아누스는 이렇게 말했습니다.

"거룩한 게르마누스와 나는 한 원로를 만나려고 이집트에 간 적이 있습니다. 원로가 환대해 주기에 우리가 물었습니다. '어찌하여 형제들을 손님으로 맞이하면서 단식 규정을 지키지 않으십니까? 팔레스티나에서는 지켰는데 말입니다' 원로가 답했다. '단식이야 늘 내 뜻대로 할 수 있지만, 그대들은 내 곁에 붙잡아 둘 수 없습니다. 단식은 유익하고 필요한 것이지만 우리 마음먹기에 달려 있고, 그렇지만 우리에게 사랑의 실천을 요구하는 것은 바로 하느님의 법입니다. 지금 그대들 안에서 그리스도를 맞이하는 것이니, 나는 열과 성을 다해 섬겨야 합니다. 그대들을 떠나보내면 나는 다시금 단식 규정을 지킬 수 있습니다.′ 혼인 잔치 손님들이 신랑이 함께 있는 동안 단식할 수 있습니까? 그러나 그들이 신랑을 빼앗길 날이 올 것입니다. 그러면 그때 그날에 가서는 그들도 단식할 것입니다' (마르 2,19-20).'"[32]

   단식은 깨지 못할 금기가 아닙니다. 형제 사랑보다 단식을 중요히 여긴다면, 이는 그리스도의 법보다 자신이 완전해지는 것에만 마음이 있다는 표시입니다. 그런 사람에게 단식은 내보일 수 있는 업적, 나 자신은 물론이고 남들에게 내 가치를 증명해 보일 수 있는 업적일 뿐입니다. 그렇지만 결국 그는 고행의 노예가 됩니다. 그리스도교 고행의 특징은 그 수행을 잠시 내려놓을 수 있다는 것입니다. 단식을 통해 내적으로 강해지는 것보다 중요한 게 있습니다. 형제 사랑 안에서 나 자신을 벗어나 내 이웃을 바라보는 것입니다.

수도승들에게 단식은 형제 사랑을 위한 것이어야 합니다. 단식으로 절약한 돈은 가난하고 가련한 이들에게 주어야 합니다. 압바 팔라디우스는 한 제자에게 이렇게 권고했습니다.

"단식하는 날에는 빵과 물, 야채로 만족하고 하느님께 감사드리게. 그날 네가 절약한 음식 값을 셈하여 그 돈을 다른 나라에서 온 형제나 과부와 고아에게 주게. 그러면 그것을 받고 배가 부르게 되어 너를 위해 기도드릴 걸세."[33]

기원후 150년경 쓰였으며, 그리스도교의 초기 문헌 중 하나인 헤르마스의 『목자』에도 비슷한 내용이 나와 있습니다.

"너는 단식하려고 한 그날에 빵과 물만 먹어야 한다.

너는 그날 네가 단식하지 않았으면 먹었을 음식의 값을 계산하여 따로 떼어 놓고, 그것을 과부나 고아나 곤궁한 사람에게 줘야 한다. 그것을 받은 사람이 네 겸손으로 자신의 영혼을 만족시키고 너를 위해 주님께 기도하도록 너는 이와 같이 겸손해야 한다."[34]

그리스도인에게 자선은 단식의 본질적인 부분입니다. 단식은 언제나 기도, 자선과 함께 언급됩니다. 단식과 기도, 자선은 경건한 삶의 특징입니다. 우리는 이 세 가지를 일찍이 유다교에서 발견할 수 있습니다. 예수님은 이를 산상 설교에서 이어받으셨습니다. 이 세 가지 경건한 행위를 일체의 율법적 사고에서 해방시켜 당신 제자들에게 새롭게 해석해 주셨습니다(마태 6,1-18).

여기서도 경건한 행위는 사람들 앞에서 하는 게 아니라, 숨어서 할 때만 가치가 있습니다. "그러면 숨은 일도 보시는 당신의 아버지께서 당신에게 갚아 주실 것입니다"(마태 6,4). 자선과 단식, 기도는 예수님이 우리에게 당신을 따라 행하라고 하신 것들입니다. 그러나 이 경건한 행위를 사람들 앞에서 찬양과 찬탄, 인정을 받으려는 의도로 한다면, 무가치한 일이 되고 맙니다. 그때는 이 경건한 행위를 하면서도 자기 자신을 벗어나지 못하기 때문입니다. 그런 사람은 권력과 명예, 인정을 향한 자신의 욕망을 그저 다른 차원으로 옮겨 놓는 꼴이며, 결국 예수님이 광야에서 단식하며 이겨 내신 그 유혹에 오히려 넘어가는 것입니다. 그는 제 권력욕과 명예욕을 채우려고 하느님과 경건함을 이용할 뿐입니다. 이는 고행을 왜곡하는 것입니다. 고행의 목적은 다름 아닌 하느님이 스며드시도록, 마음의 순결을 얻도록, 하느님의 현존 앞에서 깨어 있는 삶, 진짜 삶을 살도록 수행하는 일입니다.

수도승들에게 단식은 무엇보다 세 가지 근본적 충동과, 곧 식욕, 성욕, 탐욕과 싸우는 데 도움이 됩니다. 이 세 가지 충동을 변화시켜야 내가 이것들에 지배되지 않고 중독되지 않습니다. 왜냐하면 이 충동들은 본질적으로 중독으로 이어지는 경향이 있기 때문이며, 또한 중독은 갈망을 억누릅니다. 중독에 빠지면 나는 내 삶과 그 한계를 직면하지 않으려고 합니다. 나는 내 갈망을 외적인 것들로, 가령 음식, 음료, 약물, 업적, 관계 따위로 채우면서 틀어막습니다. 나는 그것이 무엇이든 중독될 수 있습니다. 단식의 목표는 중독을 다시 갈망으로 변화시키는 것입니다. 이렇게 해야만 궁극적으로 중독을 치유할 수 있습니다.

이제 우리는 단식을 통한 다른 여섯 가지 '로기스모이', 곧 다른 여섯 가지 욕망의 변화도 고려해 볼 수 있습니다. 다만 이 부분은 간략히 언급만 하겠습니다.

단식을 통해 나는 더불어 내 감정도 발견합니다. 인간의 감정 영역에 존재하는 세 가지 로기스모이는 슬픔(*lype*)과 분노, 아케디아 *akedia* (영적 나태, 태만)입니다. 단식은 나의 슬픔을 직면케 합니다. 단식은 슬픔과 자기연민을 애도로 변화시키려 합니다. 비범치 못한 내 삶을 애도하게 만들려 합니다. 단식은 내 공격성을 벗겨 내보입니다. 내 분노를 목표 지향적인 공격적 능력으로, 곧 경계를 정하여 일정 거리를 두는 능력과 무언가에 덤벼들어 해결하는 능력으로 변화시키려 합니다. 또한 나는 자신에게 채워 넣을 것이 아무것도 없게 되면, 아케

디아에 빠집니다. 지금 이 순간을 살지 못하게 되는 것입니다.

그러니 단식의 목적은 욕망과 감정을 정화하여, 더는 그것들이 나를 좌지우지하지 않고, 오히려 내게 유익하게 쓰이도록 하는 것입니다. 그리고 그것들에 힘입어 내가 움직이는 것, 결국은 삶을 향해, 하느님을 향해, 사람들을 향해 움직이는 것입니다. 영적 영역에 속하는 세 가지 로기스모이, 곧 욕망 또는 악습은 허영과 시기와 교만인데, 허영은 단식으로도 벗어날 수 있다는 보장이 없습니다.

단식은 때로 자신을 타인에게 자랑하는 데 악용되기도 합니다. 여기서도 마찬가지입니다. 단식은 내 영혼의 이런 경향을 벗겨 내 보이며, 이로써 내가 하느님과의 만남 속에서 나 자신과 내 명예에 대한 집착을 벗어나게 합니다. 단식은 자신을 타인과 끊임없이 비교하는 것(시기)으로부터 내가 자유로워지게 합니다. 내가 겸손해지게 합니다. 내 본성과 내 한계를 인정하지 않는 교만, 내 부족함을 외면하기 위해 나를 드높은 이상과 동일시하는 교만을 벗어나게 합니다. 단식은 내 영혼을 정화하여, 내가 길을 잃지 않고 나를 하느님을 향해 열기 위한 것입니다.

단식과
기도

"단식은 기도에 확신을 주고
열렬히 타오르게 만듭니다.
…
기도는 단식할 능력을 얻고,
단식은 기도할 은총을 얻습니다."

_클레르보의 베르나르두스

그리스도인은 물론, 유다인에게도 중요한 세 가지 경건한 행위 중에 세 번째는 기도입니다. 그런데 기도는 단식과 자선과 서로 분리되어 있는 게 아니라, 내적으로 연관되어 있습니다. 오늘날, 기도가 하느님과의 대화이며 순전히 영적인 행위라고 생각하는 사람들이 많습니다. 그렇지만 고대에는 항상 기도를 육과 영으로 바치는 행위로 이해했습니다. 이는 일면 기도하는 몸짓에서 드러납니다. 사람들은 그저 머릿속으로 기도한 게 아니라, 온몸으로 하느님께 기도했습니다. 두 손을 쭉 뻗고 자신의 몸을 열어 하느님께 기도를 바쳤습니다. 고대인들에게 기도란, 곧 '하느님을 향해 두 손을 든다'는 의미였습니다. 이러한 몸짓은 기도를 부각하며, 때로는 말로 표현되지 않더라도 그 자체로 기도가 됩니다. 두 손을 들고 하느님 앞에 선 사람은 그 몸짓만으로 이미 기도하고 있는 것입니다.

육과 영의 이러한 조화는 기도와 단식의 긴밀한 관계에서도 분명히 드러납니다. 육체적 몸짓이 기도의 일부인 것처럼 육체적 단식도 마찬가지입니다. 육체적 단식은 기도를 더 강렬하게 만듭니다. 이는 무엇보다 청원 기도에 적용됩니다. 누군가를 위해, 또는 특정한 일을 위해 진심으로 기도하려 한다면 이것을 표현하는 가장 좋은 방법은 단식을 하면서 기도하는 것입니다. 그러면 나의 기도는 그저 머릿속에 머물거나, 몇 가지 생각과 몇 마디 단어에 그치는 게 아니라 나의 실존 전체를 사로잡습니다. 나는 육과 영을 다해 하느님께 간절히 청하게 됩니다. 나는 단식을 통해 나 스스로는 아무것도 이룰 수 없으며, 오직 하느님의 도우심에 의지하고 있음을 고백하게 됩니다. 우리는 이미 구약 성경에서 단식과 기도의 관계를 발견할 수 있는데, 에즈라기에 이러한 말씀이 있습니다.

"나는 그곳 아하와 강 가에서, 아이들과 모든 재산을 거느리고 떠나는 우리에게 안전한 여행을 허락해 주시도록 우리의 하느님 앞에서 고행하며 단식하자고 말하였다. 우리가 임금에게, '우리 하느님의 너그러우신 손길은 그분을 찾는 모든 이를 보살펴 주십니다. 그러나 하느님을 저버리는 모든 이에게는 그분께서 호된 분노를 내리십니다' 하고 말한 바가 있어서, 여행하는 동안 우리를 원수들에게서 보호해 줄 보병과 기병을 그에게 청하기가 부끄러웠던 것이다. 그래서 우리는 단식하며 이 일 때문에 우리 하느님께 탄원하였다. 그러자 그분께서 우리의 기도를 들어주셨다"(에즈 8,21-23).

경건한 이스라엘 백성이라면 제힘으로는 적들에 맞서 자신을 지키지 못하며 온전히 하느님의 도우심에 의지하고 있음을 고백하기 마련입니다. 여호사팟도 적군이 밀려오자 단식을 선포했습니다. 그는 군사들의 무력이나 무장을 믿는 대신, 하느님께 피신했습니다. 그는 단식을 통해 자신의 기력을 떨어뜨림으로써, 오직 하느님만이 도와주실 수 있다는 믿음을 표현했습니다. "저희를 치러 온 저 큰 무리를 대적할 힘이 저희에게는 없습니다. 저희는 어찌할 바를 몰라 당신만 바라볼 뿐입니다"(2역대 20,12).

홀로페르네스가 강한 군대를 이끌고 진격해 올 때도 이스라엘 백성들은 단식하며 주님께 기도했습니다(유딧 4,13). 이 밖에도 성경은 백성들이 단식하며 당신 앞에 나아갈 때는 하느님이 도와주신다는 기록을 끊임없이 전합니다.

신약 성경에서 예수님은 어떤 질병은 기도와 단식이 아니면 치유할 수 없다고 말씀하셨습니다(마르 9,29). 주석가들은 단식이란 단어가 후대에 추가된 것이라고 말하지만,[35] 그렇다고 해도 단식이 기도를 뒷받침하며 힘이 되어 준다는 초기 교회의 경험에서 비롯된 것임은 분명합니다. 그리고 『디다케』가 그리스도인들에게 그들을 박해하는 자들을 위해 단식하라고 촉구한 것도 단식과 기도가 서로 연관되어 있음을 보여 줍니다. 내가 온 마음을 다해 기도하려면, 그 기도는 몸으로도 표현되어야 합니다. 나는 단식 중에 몸으로도 기도하는 것입니다. 단식은 그 자체로 이미 기도입니다. 그것은 하느님을 향한 몸의 부르짖음입니다.

타인을 위해 단식하는 관습은 고대 수도승들에게서도 발견할 수 있습니다. 한 수도원의 장상이 죄에 빠져 이제 숨을 거두려 하는 어느 형제를 위해 단식을 해 달라고 청했습니다.

"그래서 그들은 단식에 들어갔고, 하느님께 자비를 베풀어 주십사고 눈물로 간청했습니다. 사흘 밤낮을 아무것도 먹지 않고 단식했고, 형제를 잃는 슬픔에 통곡했습니다. 그리고 수도원 장상은 형제들이 애태우는 모습에 감동하신 구원자를 환시 속에 보았습니다."[36]

그들은 죄에 빠진 한 형제의 영혼을 단식과 기도를 통해 구원했습니다. 누군가를 위해 단식하는 동안 나는 그 누군가와 하나가 됩니다. 나는 자비로워집니다. 그리스어에서 '자비롭다'는 말은 '내장이 뒤틀리다'라는 뜻입니다. 내장은 "우리의 가장 깊고 가장 강한 감정들이 자리 잡은 곳"[37]입니다. 단식 중에 나는 음식으로 나의 내장을 가득 채움으로써 타인에게 문을 닫아걸고 둔감해지는 것이 아니라, 마음을 열고 연대하게 됩니다. 나는 타인을 내 안에, 내 존재의 가장 취약한 부분에 들여보냅니다.

히브리어에서 '자비'라는 개념은 '어머니의 태'와 관련이 있습니다. 말하자면 나는 단식 중에 타인을 나의 태 안에 받아들입니다. 나는 타인을 하느님께 내맡기기 위해 내 안에 품고 다닙니다. 이처럼 단식은 나를 연민과 자비로 이끕니다. 단식을 하면서 바치는 기도는 일정 거리를 두는 기도가 아닙니다. 나의 상처에서 나오는 기도입니다. 단식 중에 나는 나의 심연, 나의 무력함 속으로 내려감으로써 타인의 심연을 마주하며, 그것을 나의 심연과 함께 하느님의 자비에 내맡깁니다.

저의 경우, 단식 피정을 지도할 때 참여자들에게 하루 동안 의식적으로 어느 한 사람을 위해 단식하라고 합니다. 그 대상은 자신과 연결되어 있다고 느껴지고, 하느님의 도우심이 필요하다는 느낌이 드는 사람이어야 합니다. 한 사람을 위해 하루를 온전히 단식할 때면, 저는 줄곧 그 사람을 생각합니다. 단식이 그 사람을 떠올리게 만드는 것입니다. 많은 사람들이 단식 기도를 통해 다른 사람과 깊이 연결되고 여러 갈등이 해소되는 경험을 합니다. 또한 단식 기도를 통해 사람들은 기도가 다른 사람에게 도움이 된다는 희망, 곧 하느님이 그 사람을 당신 사랑으로 감싸서 구원하신다는 희망을 얻기도 합니다. 어느 피정에서 한 아버지가 아들을 위해 단식 기도를 바치고 있었습니다. 그러다 문득 그는 단식을 멈추고, 그날 저녁 고등학교 졸업 파티가 있던 아들에게 돌아가야겠다는 느낌을 받았습니다. 단식을 하면서 그는 아들이 정말로 필요로 하는 것에 새로운 방식으로 민감해진 것이었고, 그로써 그는 아들과 화해했습니다.

우리 시대에 단식과 기도의 밀접한 관계를 누구보다 널리 알리고 본을 보인 인물은 바로 마하트마 간디입니다. "가장 넓은 의미에서 단식을 본다면", 간디에게 "단식 없이는 기도도 없는 것"이었습니다.[38] "내 종교는 벗어날 길 없는 곤경에 처하면 단식하고 기도해야 한다고 가르칩니다"(152). 간디는 자신이 무슨 말을 해도 소용이 없고, 협상과 회유도 허사라고 느낄 때마다 거듭 단식에 들어갔습니다. 간디에게 단식은 정치적 행위였습니다. 그러나 그것은 동시에 기도였으며, 절대자만이 사람들의 마음을 변화시킬 수 있다는 고백이었습니다. 그런데 단식은 사람들에게 심리적으로도 깊은 영향을 미쳤습니다. 사람들은 간디가 진심으로 평화를 소망함을 깨닫게 되었습니다. 간디는 사람들을 위해 단식했고, 그들과의 연대를 느꼈습니다. 그는 그릇된 길로 빠진 이들을 위해 단식하고는 했습니다.

그는 죄로 물든 분위기를 단식으로 깨끗이 씻어 내려 했습니다. 그렇게 해서 긍정적인 해결을 위한 전제조건을 마련하려 했습니다. 물론 이 효과는 단식이 믿음에서 비롯되고 기도와 연결되어 있어야만 일어날 수 있었습니다(149). "나에게 단식은 신과 나 사이의 일입니다"(152). 간디는 단식을 통해 누군가를 협박하거나 비난하려는 게 아니었습니다. 단식을 하면서 사람들과의 연대를 보여 주고, 그들의 상황을 신 앞에 가져가려는 것이었습니다. 그는 누군가를 거슬러 단식했던 것이 아니라, 늘 누군가를 위하여 단식했습니다. 단식하는 사람과 단식의 대상이 되는 사람 사이의 깊은 우정과 상호 이해는 효과적인 단식의 전제 조건입니다(172). 간디는 단식으로 놀라운 일들을 이루어 냈습니다. 절망적인 상황들이 모두에게 이로운 쪽으로 해결되었으며, 서로 적대하던 사람들이 친구가 되었습니다. 간디의 단식은 "증오를 잠재웠고, 영혼에는 새로운 방향을, 절망에 빠진 이들에게는 새로운 용기를 주었습니다"(160).

간디가 보여 준 모습은 오늘날 본보기가 되고 있습니다. 많은 사람들이 평화를 위해, 생명을 위해 단식을 합니다. '생명을 위한 단식'이란 운동의 주창자들은 그들의 선언에서 간디를 언급합니다.

"간디를 비롯한 역사상 수많은 사람들이 단식을 통해 자신의 생명을 바침으로써 악한 제도에 맞서 싸웠습니다. 우리도 그들과 같은 일을 할 것입니다. 군비 경쟁으로 인해 마치 형벌처럼 기아에 내몰린 수백만의 사람들과 단식을 통해 연대할 것입니다. 우리는 그들의 고통을 함께 나눌 것이며, 그리하여 우리 자신과 우리 형제자매의 마음속에 있는 벽을 허물 것입니다."[39]

간디와 마찬가지로 '생명을 위한 단식'도 무기한 단식을 비폭력 운동의 마지막 수단으로 봅니다. 그들의 목적은 협박이 아니라, 분위기를 정화하는 것이며, 생명과 세계 평화에 대한 그들의 진심을 고백하는 것입니다. 여기서 문제는 간디와 같지 않더라도, 곧 단식이 오직 신만이 우리를 도울 수 있다는 믿음에서 비롯되지 않더라도 생명에 긍정적인 영향을 미칠 수 있느냐는 것입니다. 그저 단식만으로는 아무것도 이루어 낼 수 없습니다.

간디는 거듭 강조했습니다. 단식은 정결해야 합니다. 교만해서는 안 됩니다. 단식은 기도를 뒷받침하며, 사람들의 내면에서 무엇인가 움직이게 할 수 있습니다. 왜냐하면 단식이란 자신의 무력함을 고백하는 것이기 때문입니다. 그런데 그것은 동시에 사람들의 고통에 대한 깊은 연대의 표현이고, 신께서는 우리 모두를 위한 해결법을 알고 계시며 또 해결해 주실 수 있다는 큰 희망의 표현입니다. 평화를 위한 단식은 단식투쟁과는 다릅니다. 단식투쟁은 상대에게 승복을 강요하기 위한 공격적 행위입니다. 단식투쟁을 하는 사람은, 자신의 상대가 굶주린 사람이 죽음에 이르는 것을 감당하지는 못하리라고 생각합니다. 그렇지만 자신의 굶주림이 상대를 거스르는 것이라면, 평화를 이루지는 못할 것입니다. 그런 단식은 진정한 의미의 단식이 아닙니다.

수도승들에게 단식은 하느님께 드리는 기도에 힘을 실어 주는 도구일 뿐 아니라, 다른 사람들과 하느님에게서 그들의 소망을 이루는 효과적인 수단이기도 하며, 더불어 수도승들이 바치는 개인 기도의 본질적인 부분이기도 합니다. 기도와 단식의 이런 관계에 대해 클레르보의 베르나르두스는 다음과 같이 썼습니다.

"제가 잘못 본 게 아니라면, 여러분이 쉽게 깨달을 것이고 종종 겪었을 법한 일에 대해 말해 주겠습니다. 단식은 기도에 확신을 주고 열렬히 타오르게 만듭니다. … 기도는 단식할 능력을 얻고, 단식은 기도할 은총을 얻습니다.

단식은 기도를 굳세게 하고, 기도는 단식을 굳건하게 하여 주님 앞에 가져갑니다."[40]

단식이 기도를 굳건히 하는 것은 기도하는 사람을 더욱 깨어 있게 만들기 때문입니다. 무언가를 먹으면 배가 불러 졸음이 오기 마련입니다. 단식을 하면 깨어 있게 되며, 영적인 것에 열리고, 하느님께 열립니다. 하느님의 영이 더욱 잘 스며들 수 있게 됩니다. 묵상 프로그램에서도 대개 단식을 하는 이유가 여기에 있습니다. 단식이 묵상을 뒷받침합니다. 배가 가득 찬 상태로는 기도를 제대로 하기가 어려우며, 한다고 해도 자기만족에 그치기 쉽습니다. 그러면 우리는 자신의 육체적인 평안과 하느님의 평안을 혼동하게 됩니다. 키르케고르는 그의 일기에서 이러한 태도를 이렇게 풍자했습니다.

"하느님에 대한 속물들의 사랑은 식물적 생명이 한창 활동할 때나, 곧 깍지 낀 두 손이 배 위에 편안히 놓여 있고, 잠에 취한 시선이 안락의자에 푹신히 기댄 머리에서 천장으로 올라갈 때나 일어납니다."[41]

키르케고르는 이 속물적 사랑에는 하느님을 경외하

는 마음이 결여되어 있다고 말합니다. 경외하는 마음이 없다면, 우리는 하느님을 하느님으로 사랑할 수 없습니다. 단식은 우리에게 하느님을 경외하는 법을 알려 주며, 또한 교부들이 가르친 것처럼 우리를 겸손하게 만듭니다. 간디가 말한 것처럼 단식은 "제힘만 믿는 교만함이 아니라, 오직 자신을 내맡기는 약자의 온유함으로 신께 다가가야 한다는 의식"(162)을 일깨웁니다.

인간은 단식 중에 자신을 하느님께 내맡깁니다. 인간은 자신을 무력한 모습 그대로 전능하신 분께 내바치며, 그분을 경배합니다. 단식은 경배입니다. 경배를 하면서 인간은 자신을 위해서는 아무것도 원하지 않고, 더 크신 하느님 앞에 엎드릴 뿐입니다. 인간은 허기에 지칠 대로 지친 몸으로 무한하신 하느님 앞에 엎드립니다. 오직 그분만이 인간의 깊디깊은 허기를 달래 주실 수 있습니다. 인간은 자신의 몸으로 그분을 향해 부르짖습니다. 인간은 피조물로서 자신의 내면에 쩍 벌어져 있는 허무_{虛無}의 틈을, 아무것도 없이 텅 비어 있는 틈을 열어젖힙니다.

구약 성경은 인간의 타락을 금단의 열매를 따 먹는 모습으로 그렸습니다. 이것은 인간이 "하느님처럼 되기 위해, 그리고 내적 근거가 없는 자신의 존재에 그 결핍된 근거를 제 능력과 제 노력으로 만들어 내기 위해 두려움 속에서 존재의 비어 있는 틈을 메우려고 시도하는" 것입니다.[42] 드레버만은 이 타락 이야기를 심리학적으로 해석하면서 무엇인가 먹으려 하는 인간의 충동, 또는 모든 것을 자신 속에 집어넣으려 하는 인간의 구강적 특성이 궁극적으로는 "허무의 틈을 메우려 하는 존재의 충동"(543)이라 말합니다. 자신의 허무를 인정할 수가 없으니, 인간은 온 세상을 집어삼켜야만 합니다. 이로써 인간은 없는 것이 없는 하느님, 그 무엇도 결핍되어 있지 않은 하느님처럼 되려고 합니다. 단식을 하면서 인간은 자신이 피조물임을 인정합니다. 인간은 자신의 실존 속에 벌어져 있는 허무의 틈을 바로 보고, 창조주이신 하느님께 엎드려 절합니다(236f).

고대 수도승들의 경우, 단식과 기도라는 주제는 무엇보다 철야와 관련되어 있습니다. 밤새 깨어 있는 것은 수도승들에게 하느님을 향해 내적 깨어 있음을 유지하기 위한 수행으로 선호되었습니다. 단식은 하느님 앞에서 한밤에 깨어 있을 수 있는 전제 조건을 마련해 주었습니다.

"건강한 눈에는 빛이 기쁨이 되듯이, 적당한 단식은 기도의 전제 조건입니다. 실제로 단식에 들어가면 이내 하느님과 대화를 나누고 싶은 영적 충동이 일게 됩니다. 단식하는 몸은 밤새 자리에 누워 있는 것을 견디지 못합니다. 단식을 하면 낮이건 밤이건 하느님과 함께 깨어 있고 싶은 충동이 아주 자연스럽게 일기 때문입니다. 단식하는 이의 몸은 잠과 싸우는 데 큰 어려움이 없습니다. 그의 감각은 약할지라도, 적어도 그의 마음은 깨어 있습니다. 그 마음이 하느님을 향해 부르짖습니다."[43]

여느 사람들이 잠든 시간에도 수도승들은 깨어 있기를 원합니다. 그들은 깨어서 주님의 오심을 기다립니다. 주님은 당신을 기다리는 이들에게 오십니다. 수도승들은 하느님을 밤에 가장 가까이서 느낍니다. 아무것도 그들을 방해하지 않고, 그들을 산란하게 하는 것도 없습니다. 밤은 깊디깊은 하느님 체험이 일어나는 때입니다. 깨어 있음은 하느님과의 직접적인 만남이나 하느님의 지금 오심에만 해당하는 게 아니라, 주님의 마지막 오심까지, 그리스도의 영광스러운 다시 오심까지, 세상의 완성까지 확장됩니다.

마르코복음서 9장 15절은 신랑을 기다리는 것으로 단식을 설명합니다. "혼인 잔치 손님들이, 신랑이 함께 있는 동안 슬퍼할 수 있습니까? 그러나 그들이 신랑을 빼앗길 날이 올 것입니다. 그러면 그때에 그들도 단식할 것입니다." 여기서 신랑은 바로 그리스도이십니다. 그리고 열 처녀의 비유가 보여 주듯이 신랑은 한밤에 올 것입니다. 이처럼 단식과 철야는 주님의 오심을 기다리는 신비주의에 근거하고 있습니다. 단식은 "보이지 않는 신랑에게 다시 오라 부르짖는 것"입니다.[44]

수도승들은 단식과 철야를 통해 주님의 오심을 앞당길 수 있다고 믿었습니다. 그들은 단식을 하며 주님의 오심을 향한 갈망을 드러냈고, 밤새 깨어 있으며 그 갈망을 지켰습니다. 그들은 자신의 실존 전체를, 육과 영

모두를 주님을 향해 뻗으면서 자신의 깊디깊은 갈망을 채워 주시기를 원했습니다.

성경 말씀과 수도 교부들의 증언에 따르면 단식 기도에는 또 다른 성격, 곧 회개와 속죄의 성격이 있습니다. 단식 중에 인간은 자신이 죄인임을 고백하며, 자신이 원하는 것은 죄에 매달리는 게 아니라 하느님께로 새롭게 돌아서는 것임을 표현합니다. 그래서 이스라엘 백성들은 사무엘의 명령에 따라 단식하고 "저희가 주님께 죄를 지었습니다"(1사무 7,6)라고 고백하며 회개에 들어갔습니다. 그리고 엘리야가 하느님께서 벌을 내리시리라고 예고하자 아합은 저 자신을 낮추며 단식했습니다. 하느님은 그런 그에게 벌을 면해 주시고, 그의 아들 대에 가서 화를 내리겠다고 하셨습니다(1열왕 21,27-29).

니네베 사람들은 요나의 회개 설교에 응하여 단식했고, 이에 하느님의 자비를 얻었습니다(요나 3,5). 구약 성경에서 단식은 가장 진실한 형태의 회개이고 회심입니다. 단식 중에 인간은 자신이 도를 넘었음을, 창조주 앞에서 죄를 지었으며 그 죄로 하느님의 질서를 어기고 어지럽혔음을 고백합니다. 믿는 이는 자신의 죄를 의식하면서 "창조주 앞에서 자신이 아무것도 아님을 생생히 증언하고 싶은 욕구"를 내적으로 느낍니다. "물론 이 욕구는 생명 활동과 관계된 것이기에 생명 유지와 증진을 보장하는 것, 즉 음식의 영역에서 표현됩니다."[45]

단식을 하면서 인간은, 자신이 저지른 죄 때문에 자신과 하느님 사이의 조화가 깨졌음을 몸으로 느낍니다. 인간은 더 이상 자기 자신의 주인이 못 됩니다. 내적으로 불만족스럽게 되며, 내면이 스스로 분열됩니다. 단식이 이런 인간을 다시 바로잡습니다. 육과 영이 다시 조화를 이루게 하고, 죄로 인해 평화를 잃은 이들이 평화를 되찾게 합니다. 이에 아프라하트는 설교했습니다. "우리 주님이신 예수 그리스도께서 우리에게 명하시길, 단식하고 늘 깨어 있으라 하셨으며, 정결한 단식에 힘입어 당신 평화에 이르라 하셨습니다."[46]

속죄란 자신이 저지른 죄의 결과를 감내하고 감당하는 것이며, 게다가 의식적으로 그렇게 하는 것입니다. 오늘날 우리는 속죄라는 개념을 이해하는 데 어려움을 겪고 있습니다. 많은 사람들이 이를 법적 의미나 성과 지향적 의미로 받아들이는데, 마치 하느님을 만족시키려면 속죄해야 한다는 식입니다. 하느님은 우리 죄를 용서하십니다. 우리는 이 사실을 신뢰할 수 있습니다. 그분께는 우리의 속죄가 필요하지 않습니다.

그러나 고대에는 속죄라는 개념이 죄의 결과를 자신의 육과 영으로 겪으며 느끼는 것을 의미했습니다. 만약 끊임없이 게걸스레 먹는다면, 언젠가는 그에 따른 결과를 직접 겪으며 깨닫게 될 것입니다. 결국 속죄란 죄의 결과를 알아차리는 것을 의미합니다. 그리스어로 죄는 '하마르티아'*hamartia*라고 하는데, 이 말은 '빗나가다', '엇나가다', '자기 자신을, 자기 삶의 진실을 빗나가며 살다'라는 뜻입니다. 자기 자신을 빗나가며 사는 사람은 단식 중에 다시금 자신을 마주하기 마련이며, 이는 일단 고통스러운 과정일 것입니다.

또한 단식 중에 우리는 실존의 혼란을 겪고 있음을 감추는 게 아니라, 오히려 직접 몸으로 느끼면서 견뎌 냅니다. 우리는 속죄 안에서 죄 때문에 생긴 분열과 화해하며, 이로써 자신을 온전히 다시 찾고, 우리 자신과 다시 평화를 이룹니다. 속죄는 화해를 위한 것입니다. 자기 자신과의, 하느님과의 내적 평화를 위한 것입니다. 이런 의미에서 이스라엘 백성들과 초기 그리스도인들은 단식을 속죄 행위라고 했습니다. 단식은 우리를 죄로 인해 빗나갔던 우리의 참된 존재로 다시 이끕니다. 단식은 다시 우리를 자신과의 일치, 피조물과의 일치, 사람들과의 일치, 하느님과의 일치로 이끕니다. 단식의 목적은 다름 아닌 화해를 이룬 삶이며 자신과, 피조물과, 타인들과, 하느님과 조화를 이룬 삶입니다.

단식과 기도가 서로 내적으로 연관되어 있음을 보여 주는 또 다른 요소가 있습니다. 그리스도교 신심의 정점인 성찬례가 바로 단식과 관계가 있다는 점입니다. 과거에는 그리스도인들이 단식과 성찬례의 밀접한 관계를 보다 의식하고 있었는데, 그때는 성체를 영하기 전에 공복 상태를 엄격히 지켜야 했기 때문입니다.

이 관습은 성체성사를 경외하는 마음에서 비롯되었습니다. 그렇지만 공복 상태에서 주술사의 약을 먹으면 더 효과가 좋다는 고대 신념에도 그 뿌리를 두었을 것이며, 또한 밀의종교도 오래도록 영향을 미쳤을 것으로 보이는데, 밀의종교는 의식에 참여하는 이들에게 며칠간 단식을 요구했습니다. 단식하는 이는 먹고 마시는 것을, 곧 자신의 구강적 욕구를 끊지만, 성찬례에서 우리는 다 함께 모여 기쁜 마음으로 먹고 마십니다. 단식하는 이가 스스로 금하는 바로 그 행위가 여기서는 하느님과의 관계에 가장 친밀한 행위가 됩니다. 빵과 포도주가 그리스도의 몸과 피로 변화하여 주어집니다. 그리스도의 몸을 먹고 그리스도의 피를 마시며 인간은 이제 하느님과 하나가 됩니다. 이로써 먹고 마시는 행위가 거룩해지는 것입니다.

본래 자신을 먹여 살리기 위한 충동이었던 것이, 그리고 모든 것을 먹어 치우려는 파괴적인 충동으로 곧잘 변질되었던 것이 이제 여기에서 "영적인 융합 행위로, 하느님과 인간의 신비적 일치(unio mystica)로"[47] 변화하는 것입니다.

우리의 먹고 마시는 행위가 성찬례 안에서 하느님과

의 만남이란 지고의 형태로 변화한다는 사실은 근본적으로 단식에 긍정적 기능이 있음을 보여 줍니다. 단식은 먹고 마시는 것을 막으려는 게 아니라, 영적으로 만들려는 것입니다. 우리에게 무거운 짐을 지우려는 게 아니라, 자꾸 우리를 쥐고 흔드는 충동으로부터 벗어나게 하려는 것이며, 먹고 마시는 것의 본질적 의미가 하느님과의 합일에 있음을 알게 하려는 것입니다.

우리는 타락 이야기에서와 같이 하느님처럼 되려고 두려움 속에서 허무의 틈을 마구잡이로 메우려 들지 않습니다. 오히려 성찬례 안에서 우리를 하느님처럼 되게 하는 음식을 하느님께 직접 받습니다. 음식을 섭취하는 인간의 행위와 연결되어 있는 가장 깊은 갈망이 성찬례 안에서 채워집니다. 우리는 그리스도의 몸과 피를 먹고 마시면서 하느님과 함께하고, 하느님과 하나가 됩니다. 따라서 성찬례는 인간이 두려움에 사로잡혀 자신의 갈망을 성급하게 제힘으로 채우려 드는 타락, 그 두려움의 소용돌이에 점점 빠져들어 하느님에게서 멀어지게 되는 타락을 본질적으로 극복하는 일입니다. 성찬례에서 인간은 하느님께서 자신의 갈망을 채워 주심을, 그리고 이로써 실존의 허무를 영원토록 견뎌야 한다는 두려움에서 자신을 구해 주심을 체험합니다.

조명照明의

길

"거듭 단식하는 사람보다
그리스도를 쉽게 알아볼 수 있는 사람은 없다."

_테르툴리아누스

많은 문화권에서 황홀경과 환몽, 환시를 유도하기 위해 단식을 이용합니다. 예를 들어 줄루족은 말합니다. "배가 늘 불러 있어서는 신비로운 것들이 눈에 보일 리가 없다."[48] 그리스인들과 로마인들도 단식을 통해 환몽을 꾸고 신적 신비를 깨닫기를 기대했습니다. 밀의종교가 이런 의도에서 단식을 행했습니다. 여기에는 '인쿠바티오'incubatio란 의식이 있었는데, 이것은 사람들이 신전에 누워 수면을 취하면서 길한 꿈을 꾸거나 꿈을 통해 치유를 받거나 무언가를 깨닫기를 기원하는 의식이었습니다. 이 의식을 사람들은 단식으로 준비했습니다. 피타고라스학파의 티아나의 아폴로니오스는 "꿈속에 있는 예언의 힘은 포도주를 끊었을 때 더 잘 발휘되어 신의 계시를 보다 쉽게 이해할 수 있다"라고 했습니다.[49]

특히 예언자들이나 사제들은 신의 뜻을 듣기 위해 신탁을 받는 성소에서 반드시 단식해야 했습니다.[50] 가령 클라로스 성소의 예언자는 신탁을 선포하기 앞서 사흘 동안 단식했는데, 단식은 예언자가 신의 뜻을 예민하게 받아들이도록 해 주었습니다.

단식에 대한 이 모든 규칙에는 우리가 오늘날에도 체험할 수 있는 바가 표현되어 있습니다. 단식을 하면 꿈이 더 선명해짐을 느끼게 됩니다. 단식 중에 우리는 꿈을 더 쉽게 기억해 낼 수 있습니다. 따라서 단식 기간 동안 자신이 꾸는 꿈을 따로 기록해 두는 게 좋습니다. 곧잘 의미 있는 꿈이 떠오르고는 합니다. 이는 분명 단식을 통해 무의식이 느슨해져 기억을 가로막고 있던 문턱이 낮아지는 것으로 보입니다. 그렇지만 이렇게 말할 수도 있는데, 단식으로 인간의 영혼이 열려 꿈속에서 하느님의 목소리가 더 잘 들리게 된다는 것입니다.

신플라톤학파는 단식이 인간을 신과 동화시키며 신과의 친교로 이끈다고 생각했습니다. 그들은 단식을 통해 "영혼이 온갖 감각적인 것들의 족쇄를 풀고 정화와 동화, 신과의 합일을 이루기를" 추구했습니다.[51]

우리는 비슷한 관점을 피타고라스학파와 점술, 영지주의에서도 발견할 수 있습니다. 또한 교부들도 당대의 학설에 영향을 받아서 그것이 성경에서 확인되었다고 보았습니다. 테르툴리아누스는 모세와 엘리야를 예로 들면서, 어떻게 단식이 인간으로 하여금 하느님의 신비를 보고 하느님과 친교를 맺게 하는지 일깨웠습니다. 테르툴리아누스는 모세에 대해 말하기를 그는 "인간이 타고난 육체 능력을 넘어 사십 일 동안 밤낮으로 단식을 이어 나갔는데, 영적인 믿음에 힘입어 자신의 눈으로 하느님의 영광을 보았고, 자신의 귀로 하느님의 음성을 들었으며, 자신의 마음으로 하느님의 법을 되새겼다"[52]고 했습니다.

그리고 그리스도께서 타보르산에서 모세와 엘리야

에게 당신의 육신을 보여 주신 것은 그들이 그분과 단식을 함께했기 때문이라고 테르툴리아누스는 말했는데, 엘리야도 광야를 지나 호렙산으로 가는 길에 사십 일을 밤낮으로 단식했습니다. 그곳에서 엘리야는 바람의 속삭임 속에 직접 하느님을 만났습니다(1열왕 19,12-13). 이에 대해 테르툴리아누스는 이렇게 썼습니다.

"그때 그곳에서 얼마나 다정한 친교가 그에게 허락되었던가! '엘리야야, 여기에서 무엇을 하고 있느냐?' 이 부르심은 '아담, 너 어디 있느냐?'라는 부르심보다 한결 더 다정하지 않은가! 부르심은 (열매를) 따 먹은 이에게는 두려운 소리요, 단식하는 이에게는 북돋우는 말이었다. 그러니 먹고 마시는 일을 끊어 내는 것은 큰 특권이며 그것이 인간을 하느님과 한 가족이 되게 하고, 같은 이가 같은 이와 진리 안에서 한데 어울리게 한다. 영원하신 하느님은, 이사야를 통해 증거하신 바와 같이, 결코 배고프지 않으시니, 인간이 하느님과 같이 되는 때는 먹지 않고 사는 때일 것이다."[53]

테르툴리아누스는 단식을 통해 하느님과 친교를 맺

게 되는 예를 하나 더 들었는데, 예언자 다니엘입니다. 다니엘은 환시의 의미를 깨닫기 위해 삼 주 동안 단식했고, 이로써 그 의미를 알게 되는 은총을 얻었습니다.

게다가 테르툴리아누스에게 신약 성경의 과부 한나는 "거듭 단식하는 사람보다 그리스도를 쉽게 알아볼 수 있는 사람은 없다"는 것을 보여 주는 표징입니다. 단식은 "감추어진 것에 대한 지식에 참여하게" 해 줍니다.[54] 테르툴리아누스에게, 그리고 다른 여러 교부들과 수도승들에게 단식은 신비주의적인 의미를 띠고 있습니다. 단식은 우리를 하느님 곁으로 데려가서, 그분과 그분의 신비를 더 선명한 눈으로 보게 하고, 그분과 끊임없이 친교를 이루게 합니다.

교부들의 가르침에서 분명히 드러나는 점은 그들이 단식을 주로 포기가 아니라, 깊은 내적 체험으로 가는 길이자 하느님께로 가는 길로 여겼다는 것입니다. 단식은 우리를 영혼 저 깊은 곳으로 이끕니다. 그곳에서, 영혼의 저 근원에서 우리 인간은 하느님 곁에 머뭅니다. 바로 그곳에서 우리 영혼의 신비와 하느님의 신비를 깨닫습니다.

마부그의 필록세누스는 자신의 강해에서 단식이 지상의 것을 넘어선 것에 대한 감각과 하느님을 직관하는 감각, 다시 말해 직접 보는 감각을 준비시킨다고 설명했습니다.

"지식을 마시려면 물을 마시십시오! 신비를 알고 지혜로워지려면 채소를 먹고 사십시오! 한량없이 사랑하려면 적정 한도에서 먹으십시오! 보려면 단식하십시오! … 채소를 먹고 물을 마시는 이는 환시와 천상 계시, 성령의 지식, 하느님의 지혜 그리고 감추어진 것의 해석을 얻습니다. 이렇게 사는 영혼은 인간의 지식이 알지 못하는 것을 압니다."[55]

단식하는 사람이 어떤 눈을 하고 있는지 한 번이라도 주의 깊게 살펴본다면, 필록세누스의 말이 과장이 아님을 알 수 있습니다. 단식은 그 사람의 감각을 예리하게 만드는데, 이것은 무엇보다 두 눈에서 엿보입니다. 그의 눈은 더욱 깨어 있고 빛이 나며 생기 있습니다. 또한 더 많은 것을 더 깊이 있게 보는 듯한 인상이 듭니다.

우울증에 빠진 한 여성이 단식 프로그램에 참여했습니다. 그러자 그녀의 눈은 더 이상 흐릿하지 않았고 슬프지도 않았습니다. 생기를 발했습니다. 마치 앞을 가린 어떤 막을 걷어 낸 것 같았습니다. 그녀는 다시 선명하게 보았습니다. 눈에서 빛이 났습니다.

단식은 육체는 물론이고 영혼도 온갖 악에서 정화하기 마련인데, 필록세누스는 이어서 이렇게 말합니다. "그는 왕이 될 때가 되기도 전에 왕국을 상속받습니다. 그리고 왕관의 영광이 드러나기도 전에 그의 영광이 저절로 드러납니다. 또한 그는 그 자신이 제 지식의 원천이 됩니다. 왜냐하면 언젠가 하늘에서 왕국을 얻을 사람이 있는가 하면, 이미 제 안에서 왕국을 찾은 사람도 있기 때문입니다. '보시오, 사실 하느님 나라는 이미 여러분 가운데 있습니다'(루카 17,21)." 단식은 우리의 눈을 열어 하느님이 우리 안에 계심을 깨닫게 하며, 단식을 하면서 우리는 이미 미래의 현실, 즉 하느님 나라에 참여합니다.

수도승들은 이런 인식을 발전시켜 자신들의 삶을

'천사의 삶'(vita angelica)이라 표현했습니다. 단식은 천사들처럼 끊임없이 하느님과 친교를 이루며 사는 길입니다. 교부들에 따르면 천사들은 늘 관상 속에 살고 있습니다. 단식은 우리로 하여금 천사들처럼 끊임없이 관상하게 해 줍니다. 단식은 우리 영혼을 하느님께 엽니다. 우리를 지금 여기에서 천상으로 옮겨 놓습니다. 이에 아타나시우스는 말했습니다. "단식은 천사의 삶이며, 이 삶은 자신을 바쳐 단식하는 이들을 천사의 나라로 옮겨 놓습니다."[56]

수도승들에게 단식은 부정적인 것이 아니었습니다. 근엄한 고행보다는 기쁨의 향기를 풍기는 것이었습니다. 단식은 우리를 천상 기쁨에 참여하게 합니다. 우리를 지금 여기에서 낙원으로 옮겨 놓으며, 이 낙원에서 우리는 천사들과 함께 하느님과 직접 친교를 나눕니다. 이것은 유혹 이야기에서 확인할 수 있습니다. 예수님은 단식을 마치고 유혹을 받으셨지만 이겨 내셨고, "이에 악마는 그분을 떠나가고 천사들이 다가와서 그분의 시중을 들었다"(마태 4,11)고 전합니다. 유혹의 산이 곧 낙원의 산이 된 것입니다.

'낙원으로의 귀환'과 '천사의 삶'이란 표상은 '단식으로 말미암은 육체의 영화靈化'라는 인식을 통해 더 선명해집니다. 이에 암브로시우스는 말하기를, 우리가 엘리야처럼 "썩지 않는 단식의 힘으로 인간 육체의 타고난 본성을 변화시켜야"[57] 한다고 했습니다.

단식은 우리 몸을 영적으로 만듭니다. 육체를 배(내장)의 지배에서 벗어나게 하며, 지상적인 욕구에 맞서 더 자유로워지게 합니다. 단식은 바오로가 코린토 신자들에게 보낸 편지에서 말한 영적인 몸(1코린 15,44)을 우리가 얻게 하고, 우리를 이미 여기에서 그리스도의 부활에 참여하게 합니다. 그리고 단식은 수도승들을 천상 문턱으로 데려갑니다. 이러한 인식에서 보게 되면 단식은 그 쓰디쓴 맛을 잃습니다. 영적 기쁨을 줍니다. 그러면 단식은 베네딕도가 말한 것처럼 "성령의 기쁨"(『수도 규칙』제49장)으로 행해질 수밖에 없으며, 또 아우구스티누스도 우리가 영적 기쁨으로 단식할 수밖에 없다고 했는데, "영적인 것들을 사랑하게 된 사람은 그 영적인 것들의 진미를 맛본 까닭에 육적인 음식에 일종의 반감을 느낀다"[58]는 것이었습니다.

　단식을 하는 동안 수도승들은 더는 지상적인 것에 매달리지 않습니다. 온갖 욕망에서 벗어나며, 그저 물질적인 것만 추구하는 경향에서 벗어납니다. 점점 하느님을 맛 들입니다. "사람이 빵으로만 살지 못하고 하느님의 입에서 나오는 모든 말씀으로 살리라"(마태 4,4)는 말씀의 진리를 직접 몸으로 깨닫습니다. 따라서 단식은 수도승들에게 하나의 길입니다. 온전히 하느님을 향한 삶, 하느님의 현존 안에서 끊임없이 걷는 삶, 하느님과 친교를 이루는 삶으로 가는 길입니다. 그리고 또 하느님 나라가 이미 우리 안에 있으며, 우리가 지금 여기에서 이미 새로운 부활의 삶에 참여하고 있음을 체험하는 길입니다.

　수도승은 단식으로 이 새로운 부활의 삶을 증거합니다. 이것은 자신을 속이기 위한 경건한 환상에 그치는 게 아니라, 강력한 현실이 되어 단식 중에 육체적으로 표현됩니다. 단식에 들어간 사람은 우선 자신의 실존이 부서지는 것을 경험합니다. 그는 불편함과 배고픔을 느끼며, 아마 두통에 시달리고 쇠약해질 것입니다. 그렇지만 이 같은 경험에 굴하지 않고 단식을 이어 가는 사람은 시간이 흐를수록 단식의 기쁨을 일면 맛봅니다. 그는 욕망의 지배로부터 자유로워짐을, 더 영적이게 되고 더 깨어 있게 됨을, 하느님의 현존에, 그분 안에 있는 새로운 삶에 마음이 열림을 깨닫습니다. 그리고 이 새 삶은 그리스도의 부활 안에서 이미 우리에게 열렸으며 지금 여기에 있는 것입니다.

테르툴리아누스가 말한 것처럼 단식은 우리가 "신비에 대한 지식"을 알게 해 주는데, 이는 심리학에서도 언급하는 바입니다. 부힝거 박사는 단식의 정신적 효과를 이렇게 설명합니다.

"단식하는 사람은 모두 자신의 정신 구조에서, 정신 기능이 작동하는 과정에서 여러 변화가 일어나고 있음을 자각하게 됩니다. 수용력이 커집니다. 상상력이 살아납니다. 집중력은 변함없이 유지됩니다. 감각이 예리해집니다. … 뻣뻣하게 굳은 정신 구조가 느슨하게 풀리는 것을 인식할 수 있으며, 상황이 명료해지고 감수성이 더 높아집니다. … (자신의) 진정한 본질이 드러나는데, 이는 곧 자기 자신에게로 돌아가게 되는 것입니다. 그는 내적 평정을, 흔들리지 않는 중심을 … 바로 내적 고향을 발견하게 됩니다."[59]

물론 부힝거는 단식에 어떤 위험이 있는지 숨기지 않습니다. 단식자는 처음에는 울증을 겪지만, 다음에는 조증으로 뚜렷하게 기울 것입니다. 이는 "과대평가, 무모함, 무분별함, 권력욕"으로 이어지기 십상이며, "간혹 영매적 상태에 이르는 과민함"을 보이기도 합니다. 그래서 단식에는 영적 인도가 필요한데, 부힝거에 따르면 기도를 바치는 것도 여기에 속하며, 그래야 단식이 자존감을 부풀리는 데 악용되지 않습니다. 단식이란 곧 익숙한 것들을 거슬러 사는 일입니다. 단식은 순수한 동기에서 행할 때만 순조로울 것입니다. 그렇지 않으면 그저 해를 끼칠 뿐입니다.

수도승들은 악마가 단식을 부추길 수도 있음을 잘 알고 있습니다. 그런데 그런 단식은 결국 파멸로 이어집니다. 그러면 눈이 멀어 현실과 타인, 그리고 자신의 한계를 바로 보지 못합니다. 자신에 대한 과대평가, 즉 광기라 부를 수 있는 상태에 빠집니다. 여기서 단식을 부추기는 악마는 자신을 처벌하려는 경향이나 자신을 타인 위에 세우려는 경향을 말합니다. 너무 많이 먹었다며 나 자신을 단식으로 처벌한다면, 그것은 내 힘만 빼앗을 뿐입니다. 나를 남들 위에 세우려고 단식을 악용한다면, 그것은 내 자아만 부풀릴 뿐이며, 또 내 마음이 하느님께 열리지도 않습니다.

카를 구스타프 융은 심층심리학의 관점에서 단식을 무의식으로 들어가는 통로로 이해합니다. 아이는 배가 고프면 어머니에게 돌아가려 하기 마련입니다. 단식은 이러한 퇴행, 즉 어머니에게로 되돌아가려는 경향을 끊습니다.

"양육에 대한 요구는 의도적인 단식으로 … 대체됩니다. 이러한 태도를 통해 리비도libido는 양육하는 어머니(alma mater)의 상징이나 상징적 등가물로, 집단 무의식으로 방향을 틀 수밖에 없습니다. 고독과 단식은 그래서 고대부터 명상을 돕는 도구로 알려져 왔는데, 명상이 무의식으로의 통로를 열어 주는 것입니다."[60]

융은 『변환의 상징들』*Symbole der Wandlung*에서 인간이 자신의 리비도, 자신의 정신적 에너지를 어머니에게로 향하게 하여 퇴행할 게 아니라, 상징으로 향하게 해야만 내적으로 성장하고 성숙한다고 설명합니다. 융에게 '재생'再生이나 '어머니 교회', '십자가'와 같은 상징들은 "인간을 가족에 대한 예속으로부터 벗어나게 하는데, 이 예속은 보다 높은 인식이 아니라, 우유부단하고 통제되지 않는 유아적 감정 상태에 부합한 것입니다."[61]

단식을 할 때 인간은 자신의 리비도를 상징과 무의식을 향해, 종교적으로 표현하자면 신을 향해 돌립니다. 이로써 인간은 "부모와의 관계를 특징짓는 의존과 예속"으로부터, 유아적 상태에 머물러 있는 사람이 가진 무의식적 강박으로부터, "감정을 통제하지 못하고 휘둘리는 상태"로부터 벗어납니다. '제 십자가를 지고 따르라'는 그리스도의 부르심과 같은 고된 훈련, 곧 단식과 금욕은 융에 따르면 "수 세기 동안 의식의 발달을 이끌

었으며, 이런 훈련 없이는 의식의 발달도 불가능했을 것입니다".[62]

물론 이러한 훈련에도 위험이 따릅니다. 우리는 단식 중에 무의식에 자신을 열게 되는데, 이 무의식에 압도될 수 있습니다. 우리는 방향을 잃고 무의식 속으로 가라앉아 버릴 수 있으며, 또 일종의 자아 팽창 상태에서 무의식 속에 들어 있는 내용과 자신을 동일시하여 하느님을 제 것으로 삼으려 들 수도 있습니다. 이는 예수님이 유혹을 받으신 이야기에 묘사되어 있는 위험과 똑같은데, 곧 하느님 그분과 그 힘을 저 자신과 제 명예를 위해 악용하는 것, 멋대로 끌어다 쓰는 것입니다. 따라서 단식은 반드시 경험 많은 사람과 동반하여 하거나, 처음부터 공동체 안에서 해야 합니다. 이것이 교회가 늘 실천해 온 방식입니다.

하느님께 빛을 받아 눈을 뜨는 것, 깨달음을 얻는 것과 그저 눈이 멀어 현혹되는 것은 종이 한 장 차이입니다. 단식은 둘 중 어느 쪽으로도 이어질 수 있습니다. 감각이 예리해지고 정신이 깨어 있게 되는 단식의 자연스러운 효과와 필록세누스가 말한 이 깨달음을 혼동해서는 안 됩니다. 그러한 효과는 하느님을 통한 깨달음에 이르는 데 분명 도움이 될 수 있습니다. 그렇지만 그 자체로 목적이 되거나 하느님을 직접 보는 것, 직접 뵙는 것과 동일시될 수도 있습니다.

단식은 우리를 무력함으로 이끌 때만 참된 깨달음으로 이어질 수 있습니다. 수도승들에게 단식은 자신의 무력함으로 들어가는 길일 뿐, 제힘으로 이룰 수 있는 어떤 업적이나 의도한 효과를 일으킬 수 있는 어떤 수단이 아닙니다.

단식은 우리를 우리의 약함이란 심연으로 몰아넣습니다. 그리고 우리는 우리의 이 심연에서 하느님의 심연을 만납니다. 우리의 무력함이란 심연은 하느님의 심연을 향해 부르짖습니다. 이는 마치 시편에 표현되어 있는 바와 같습니다. "심연이 심연을 부르나이다"(abyssus abyssum invocat, 시편 42,8).

오늘날의

단식

"그리하여 당신이 단식하고 있다는 것을
사람들에게 드러내지 말고
숨어 계시는 당신 아버지께 드러내시오."

_마태 6,18

오늘날 단식은 어디서 행하고 있습니까? 우리가 맨 먼저 떠올릴 만한 곳인 수도원에서는 거의 행하고 있지 않습니다. 거기서는 이런저런 이유를 들어 가며, 이제 베네딕도가 규정한 대로나 프란치스코가 실천한 대로 단식을 행하지는 못한다고 말합니다. 오늘날은 해야 할 일들도 많고, 더는 그리 건강하지도 않으며, 그 밖에도 갖가지 조건이 시대에 따라 달라졌다는 것입니다.[63]

반면, 많은 젊은이가 단식을 경험하고 있습니다. 그리스도인과 비그리스도인을 막론하고 그렇습니다. 그들은 다양한 동기로 단식을 합니다. 평화를 위해 단식하고 생명을 위해 단식합니다. 그들에게 단식이란, 그들이 좇는 목표를 위한 헌신의 수단이자 상징입니다. 어떤 이들은 자신을 스스로 통제할 수 있음을 증명하려고 단식하고, 어떤 이들은 사회적인 이유로 단식합니다. 그들은 나눔의 정신을 자신의 몸으로 직접 경험하기를 원하며, 타인을 도우려고 먹고 마시는 것을 포기합니다.

또 어떤 이들은 기도와 명상, 묵상이 더 깊어지게 하기 위해 단식합니다. 그리고 건강을 위해 단식하는 이들도 많은데, 그들은 날씬한 몸을 유지하려고 먹는 것을 줄이거나, 기존 의학으로는 고치기 어려운 질병을 떨쳐 내려고 단식 프로그램에 참여합니다. 그사이 수도원에서도 다시 단식에 눈을 뜨기 시작했습니다. 우리 수도원에서는 젊은 수도승들이 사순 시기에 단식 식단을 마련했습니다. 그들은 단식의 영적 가치를 수도원에 새로운 감각으로 일깨웠습니다.

교회에서 거의 버려두다시피 했던 단식이 그 가치를 되찾은 것은 반가운 일이지만, 오늘날 단식이 실천되는 방식에 대해서는 몇 가지 비판적으로 짚어 볼 만한 것들이 있습니다. 다른 좋은 도구와 마찬가지로 단식에도 여러 위험이 내재되어 있으니, 올바르게 절제할 줄 알아야 합니다.

첫 번째 위험은 이를테면 삶을 부정하는 것입니다. 그런 사람들은 이 세상 어딘가에 아직도 먹을 것이 부족한 이들이 있다고 하면서, 자신에게 아무것도 허락하지 않습니다. 그들은 자신이 더 아끼면서 살아갈 수 있는 게 아닌지 줄곧 죄책감을 느낍니다. 그들은 타인을 도우려고 많은 것을 포기하지만, 결국 자신은 물론이고 타인에게 그 무엇도 허락하지 않습니다. 아프리카에 있는 가난한 이들을 후원하려고 제 입에 들어가는 것들도 줄이지만, 그 가난한 이들이 자신을 위해 한 잔의 맥주라도 마시면 한없이 실망합니다. 포기라는 것이 일종의 부정적인 삶의 태도가 되어 무언가를 기뻐하며 즐길 여유를 허락하지 않으며, 자신이 포기한 것들에 견주어 쉼 없이 타인을 판단하고, 결국에는 그들에게 아무것도 허락하지 않습니다.

또 다른 위험은 몸을 부정하는 것입니다. 단식은 자첫 거식증으로 이어질 수 있으며, 그러면 고치기 어려운 정신 질환이 됩니다. 거식증은 자신의 육체성과 성性을 거부하는 데서 비롯됩니다. 그런 사람들은 하느님이 창조하신 모습 그대로의 제 육체를 거부하는 것입니다. 그러나 정작 하느님을 거스르고 있음을 전혀 인식하지 못하는데, 그들이 바로 종교적 동기에서 단식을 하고 있기 때문입니다. 그들은 하느님을 위한다면서 실은 하느님께 맞섭니다. 육체를 적대해서는 안 됩니다. 단식 중에는 오히려 더 자신과 육체를 잘 대해야 합니다. 단식의 목적은 육체와 영혼을 연결하여, 이로써 서로 반목하지 않도록 하는 것입니다.

그런데 육체가 그 본질을 드러내기 위해서는 육체와 직면하여 내적인 자유를 훈련할 필요가 있습니다. 그저 외적으로 드러난 충동만 따른다면 자신의 육체에 아무것도 유익할 게 없습니다. 여기서 관건은 자신 안에 있는 가장 깊은 갈망을 따르는 것이며, 이 갈망을 통해 우리는 육체와 영혼의 근원적 조화를 어렴풋이 알아챌 수 있습니다.

거식증과 더불어서 폭식증도 이제 널리 퍼져 있습니다. 폭식증에 걸린 사람들은 무절제하게 마구 먹는데, 살이 찌지 않도록, 자신이 먹은 것을 그대로 다시 토해 냅니다. 치료적 도움이 반드시 필요한 이 정신 질환 외에도 여러 유형의 섭식장애가 있습니다. 오늘날은 먹고 마실 것이 언제나 풍족합니다. 자신에게 해로운 걸 알면서도 조금만 더 먹고 싶은 유혹에 빠지는 사람들이 많습니다.

섭식장애에 시달리는 한 여성이 있습니다. 그녀는 단시간에 폭식을 하고서는 매번 스스로를 처벌하듯 단식을 합니다. 그러면 얼마간은 괜찮지만, 그런 단식은 자유롭게 행한 일도, 정말로 자신을 위한 일도 아닙니다. 그저 처벌일 뿐입니다. 그리고 처벌이 끝나면 이내 그녀의 몸은 결핍되어 잃어버린 것을 되찾으려 합니다. 그녀는 먹고 굶는 일에 끊임없이 집착합니다. 이는 건강한 단식이 아닙니다. 건강한 단식은 먹는 것에 대한 집착으로부터 자유로워지기 위한 것입니다.

단식은 곧잘 두려움과 연결되어 있습니다. 어떤 이들은 해로운 음식을 먹을까 봐 두려워서 단식을 합니다. 그들은 건강한 식습관에 관한 책들을 끊임없이 찾아 읽습니다. 물론 올바른 식습관에 대해 걱정하는 것은 바람직한 일입니다. 이것저것 가리지 않고 마구 먹다가 몸이 망가지는 이들도 많기 때문입니다. 일반적으로 우리는 동물성 단백질(특히 육류)과 정제 탄수화물(설탕, 과자 …)을 과도하게 소비하고 있습니다.

건강에 해로운 식습관은 갖가지 성인병(통풍, 류머티즘, 당뇨, 심근경색, 기타 심혈관계 질환)을 초래합니다. 그렇다고 두려운 마음에 완전히 순수하고 건강한 음식만 고집하고, 행여 있을지도 모를 독성 물질에 대한 두려움에 사로잡혀 있는 것도 그리 도움이 되지는 않습니다. 식품 속에 들어 있는 유해 물질에 대한 이런 두려움은 마귀에 대한 고대의 두려움에 견줄 수 있습니다. 두 두려움은 놀랍도록 유사한데, 고대인들은 수많은 식품에 마귀가 들어앉아 있다고 믿어서 그것들을 피했습니다.

오늘날은 모든 것을 과학으로 설명하려는 경향이 있

습니다. 분명 과학은 건강하고 분별 있는 식습관에 대해 값진 연구 결과들을 내놓았고, 우리는 이에 반드시 유념해야 합니다. 그렇지만 과학 이론이라는 것이 워낙 다양하다 보니, 오늘날도 고대와 비슷한 일들이 벌어지고는 합니다. 고대에는 거의 모든 식품이 어떤 학파에 의해 마귀 들린 것으로 간주되었습니다. 오늘날, 과학적으로 보면 어떤 식으로든 건강에 해롭지 않은 것이 없습니다. 두 경우 다, 실제보다 두려움이 대개 더 큽니다. 두려운 눈으로 바라볼수록 내게는 해로워지기 마련입니다. 고대 수도승들이 말한 것처럼 마귀는 무슨 먹을 것을 통해서가 아니라, 내 생각을 통해, 곧 두려움에 빠져 생각에 생각을 거듭하는 내 행위를 통해 들어오기 때문입니다. 두려움이 클수록, 두려운 마음에 순수한 음식에 집착할수록 나는 더 병드는 법입니다.

역사적으로 교회는 정淨한 음식과 부정不淨한 음식을 너무 엄격하게 구분 짓는 것에 항상 반대했습니다. 교회는 이에 건강한 관습을 가지고 있었지만, 그것을 어떤 이데올로기로 만들지는 않았습니다. 가령 수도승들에게 채식은 지켜야 할 규칙이었지만, 병자들에게는 고기와 계란도 허락되었습니다. 교회는 채식주의를 이데올로기로 끌어올리지 않았습니다. 기본적으로 교회는 모든 음식이 좋은 것이라는 입장인데, 모두 다 하느님에 의해 만들어진 것이기 때문입니다. 그러나 동시에 교회는 특정 음식이 인간의 육체와 영혼에 어떤 영향을 미치는지도 인식하고 있었습니다.

이러한 인식은 교회의 단식 관습에도 반영되었습니다. 그래도 특정 음식을 금기시하거나 마귀 들린 것으로 여기는 것은 일관되게 거부했습니다.

단식이란, 두려움 없이 할 때만 올바르고 건강하게 할 수 있습니다. 그저 해로운 걸 먹을까 봐 두려워서 단식을 한다면, 그건 아무것도 유익할 게 없습니다. 강박이 될 뿐입니다. 그러면 신중에 신중을 기해 고른 순수한 음식, 독성이 없는 음식이라도 아무런 유익이 없습니다. 건강한 육체에는 음식의 잠재적 독성에 대항할 수 있는 물질이 항상 충분히 있습니다. 순전히 독성이 두려워서 순수한 음식만 고집하는 사람은 아무리 신중하게 먹더라도 그 두려움 때문에 오히려 독성에 더 취약해집니다. 관건은 언제나 건강한 균형입니다. 우리는 우리가 먹는 것을 더 의식적으로 대해야 할 책임이 있습니다. 그러나 무엇을 먹을지 고르는 데 너무 많은 에너지를 쏟는 사람은 이미 균형을 잃은 셈입니다. 자신에 대한 걱정과 집착보다는 건강하고 경건한 생각이 우리 몸에는 훨씬 도움이 될 것입니다.

모든 운동에는 과장과 오해가 따르기 마련입니다. 이것은 단식 운동도 예외가 아닙니다. 그렇다고 우리가 분별 있고 의미 있게 단식하는 것을 멈춰서는 안 됩니다. 의미 있는 단식에는 영적이고 신학적인 근거가 필요합니다. 그리고 그 근거는 일찍이 교부들이 제시해 주었습니다.

따라서 중요한 것은 고대 교부들의 통찰을 한데 모으는 일이며, 이로써 우리의 단식은 영적 차원뿐 아니라, 기쁨과 생명의 차원까지 반영하게 됩니다. 이렇게 할 때 우리의 단식은 말 그대로 육체와 영혼의 치유제가 됩니다. 이러한 단식은 우리 개인을 내적으로 성숙시킬 뿐 아니라, 우리 사회를 정화하는 길이 됩니다. 그리고 우리의 식습관을 돌아보고 먹고 마시는 행위의 올바른 균형을 되찾는 길이 됩니다.

오늘날 우리가 어떤 형태의 단식을 해야 할지 모색하려 한다면, 다시금 교회 전통에 주목하여 우리 시대에 맞게 재해석할 일입니다. 여기서 우리는 전통적인 사순 단식을 먼저 떠올릴 수 있습니다. 사순 단식은 좋은 일에 쓰기 위해 돈을 모으거나 텔레비전을 딱 끊고 안 보는 것에 그쳐서는 안 됩니다. 사순 시기는 그런 것만으로 슬쩍 넘어가서는 안 됩니다. 사순 단식이란, 진정한 의미의 단식, 즉 육과 영을 다하는 단식을 의미합니다. 물론 여기에는 영적 회개가 따라야 하며, 또한 머리와 의지로 하는 회개만 아니라, 몸으로 하는 회개도 따라야 합니다.

초기 교회에서는 이 시기에 고기와 포도주를 완전히 끊었는데, 이것은 오늘날 우리에게도 유익할 수 있습니다. 일정 기간 육식을 끊으면, 우리 몸에 쌓인 온갖 안 좋은 것들을 걸어 낼 수 있습니다. 게다가 봄은 겨우내 찐

살을 빼기에 적합한 계절입니다. 초기 교회에서는 사순 시기 사십 일 동안, 오후 3시 이후에야 첫 끼니를 먹었는데, 이것을 지금 우리가 그대로 지키기는 어려울 것입니다. 그러나 적어도 이 시기에 금요일만큼은 완전한 단식일로 지낼 수 있습니다. 그렇게 하는 게 너무 버겁다면, 아침만 가볍게 챙겨 먹거나 과일을 조금 먹을 수도 있습니다.

사람마다 경험하는 게 각자 다릅니다. 어떤 사람은 차나 주스만으로 잘 버티지만, 다른 사람은 아침에 뭐라도 요기를 해야 하는데, 안 그러면 두통이 생기기 때문입니다. 각자 자신에게 무슨 방식이 맞는지 직접 경험해 봐야 합니다. 그렇지만 일을 하려면 제대로 먹어야 한다는 선입견에 성급히 얽매일 필요는 없습니다. 하루나 이틀 단식을 하더라도 우리는 많은 일을 충분히 해낼 수 있습니다.

사순 시기는 우리 개인에게 내적 자유를 훈련하는 시간이어야 하며, 이것은 자신의 영혼을 위해 일종의 봄맞이 대청소를 함으로써 가능해집니다. 이 시기는 우리

습관에 자리 잡은 온갖 무질서한 것들을 다시 질서로 되돌리는 치유의 시간이어야 합니다. 그리고 우리는 이 시기를 공동체에서도 경험할 수 있어야 합니다. 가정에서는 어떻게 사순을 더 의식적으로 지낼지 고민해야 합니다. 본당에서는 공동체가 사순에 무엇을 되돌아봐야 할지, 또 타성에서 벗어나려면 무엇을 하는 게 도움이 될지 고민해야 합니다. 초기 교회에서 사순 시기는 공적인 시간이었습니다. 우리 교회, 우리 사회에도 이런 시간이 필요합니다. 단순히 경제 논리가 아니라, 자유와 포기, 침묵과 기도 같은 가치에 의해 규정되는 시간이 필요합니다. 이런 사순 시기가 널리 실천된다면, 사회 전체에 어떤 정화와 치유의 작용을 할 것입니다.

또 우리는 성주간을, 부활절을 준비하는 시기로서 더 의미 있게 지내야 합니다. 할 수만 있다면 성주간 내내 온전히 단식을 실천하는 게 좋은데, 그럴 경우에는 가급적 공동체 안에서 사람들과 함께하는 것이 바람직합니다. 익숙한 일상 속 환경에서 일주일을 혼자 단식한다는 것은 여간 어려운 일이 아니기 때문입니다.

공동 단식은 초기 교회에서 그랬듯이 공동 기도와 연결되어야 합니다. 함께 단식하는 사람들은 또한 매일 함께 모여 기도해야 합니다. 이로써 단식은 어렵게 해내야 하는 고역이 아니게 됩니다. 이러한 단식은 기도를 중심으로 이루어져 있기에 공동체가 하느님을 향해 열리게 합니다. 일주일 단식이 버겁다면 성삼일만, 곧 성목요일과 성금요일, 성토요일만 단식을 실천해도 좋습니다. 성삼일은 전례로 충만하여 단식이 아무래도 덜 버겁습니다. 단식을 하면 전례에 더 깊이 있게 참여할 수 있으며, 또한 그리스도의 십자가와 부활을 통한 구원의 신비에 더 온전히 참여할 수 있습니다.

교회가 권하는 시기에 맞춰 단식을 하면, 단식이 그저 외적인 행위에 그칠 위험에서 벗어나게 됩니다. 곧, 건강상의 이유나 자신의 능력을 증명해 보이려는 명예욕 때문에 단식하지 않게 됩니다. 그러면 우리는 단식 자체에 집착하는 게 아니라, 처음부터 단식의 지향을 하느님께 두게 됩니다. 우리는 단식을 실천하며 축제를 준비합니다. 하느님께서 우리에게 임하시어 당신의 구원을 베푸실 축제를 준비합니다. 우리는 믿는 이들의 공동체에 결속되어 있습니다. 하느님의 영에 자신을 열기를 갈망하는 공동체에 의해 지지받고 있습니다. 이로써 단식은 엘리트주의를 벗어던집니다.

또한 단식을 부활절만 아니라, 성령 강림절이나 성탄절, 사제 서품식과 같은 다른 축일들을 준비하기 위한 도구로 쓰는 것도 바람직한 일입니다. 특히 사람들과 함께하는 공동 단식은 지역 교회의 주요 축일이나 행사를 준비하는 데 좋은 도구가 됩니다. 가령 지역 성인을 기념하는 날이나 평신도의 날, 교황 방문을 단식으로 함께 준비하는 것입니다. 백 마디 말보다 한 번의 단식이 믿는 이들의 마음을 하느님의 영을 향해 활짝 열어 줄 것입니다. 판에 박은 말을 듣는 것보다 단식을 함께 실천하는 것이 그리스도인을 서로 결속할 것입니다.

평화 운동의 지지자들이 공동 단식을 통해 하나가 되는 것처럼, 이 시대의 당면 과제를 놓고 우리 그리스도인도 단식을 믿음의 표시로 삼을 수 있습니다. 곧, 이 세상에 여전히 희망이 있다는 믿음, 하느님이 이 세상을 위해 마련해 놓으신 해법에 대한 믿음, 하느님이 우리 모두에게 하신 약속에 대한 믿음을 단식을 통해 드러낼 수 있습니다. 또한 단식을 통해 그리스도인은 종파 간의 간극이나 반목하는 정당 간의 간극을 메울 수도 있습니다. 단식하는 교회는 이미 모든 것을 알고 있다는 식으로 가르치려 하지 않습니다. 오히려 선한 뜻을 가진 사람들과 함께 길을 걷는 교회로서 연대합니다. '우리에게 정말 유익한 게 무엇인지', '하느님이 우리에게 원하시는 게 무엇인지' 그들과 함께 찾으려 합니다.

공동 단식은 수도 공동체나 본당 공동체에 선의만으로는 해결할 수 없는 문제가 생겼을 때도 좋은 도구가 될 수 있는데, 가령 집단 간에 긴장이 고조되거나 어떤 대립이 해소될 기미가 없이 고착될 때가 그렇습니다. 온 공동체가 함께 단식을 하면 그런 분위기가 정화될 수 있습니다. 단식을 통해 공동체는 자신들의 무력함을, 자신들의 힘으로는 문제를 해결할 수 없음을 고백합니다. 그리고 온 존재로 하느님께 간구합니다. 당신의 영으로 벽을 허물어 주십사고 간구합니다. 단식은 때로 우리가 미사 중에 외는 미지근한 기도보다 하느님께 바치는 간절한 기도가 되기도 합니다. 단식을 통해 자신의 간절함을 내보이는 것입니다.

공동 단식일과 더불어, 단식을 개인적인 훈련의 도구로 되살리는 것도 의미 있는 일입니다. 단식에 들어갈 때는 처음부터 긍정적 태도로 접근하는 게 중요합니다. 우리는 단식을 자신에 대한 처벌로 받아들여서는 안 됩니다. 우리는 믿음을 침울한 것, 삶을 부정하는 것으로 맛 들여서는 안 됩니다. 그리스도께서는 단식을 할 때는 머리에 기름을 바르라고 하셨습니다. 침통한 얼굴로 단식하는 사람은 삶의 생기를 빼앗깁니다. 마음이 굳어 버리며 사랑을 잃어버립니다. 단식이 유익하려면 긍정적 태도가 반드시 필요합니다. 우리는 우리 자신을 사랑으로 대해야 합니다.

그러면 단식을 통해 우리 자신이 하느님께 열립니다. 하느님의 현존 안에서 더 깨어 있는 삶, 더 의식적인 삶을 살게 됩니다. 우리 자신을 더 정직하게 대하게 됩니다. 이로써 우리는 우리를 무의식적으로 억누르고 있는 강박에서 벗어납니다. 그리고 우리의 진정한 본질을 가리고 있는 덮개를, 우리를 숨도 못 쉬게 짓누르고 있는 멍에를 벗겨 냅니다.

이러한 이유에서 단식을 결심하면, 우리는 이내 몇 가지 어려움에 직면합니다. 굳게 결심을 하고도 거듭 자신의 한계에 부딪힙니다. 원하는 바를 이루지 못하고, 자신에게 실망하게 됩니다. 실망과 절망은 우리를 갉아먹으며, 단식의 긍정적 효과도 모조리 집어삼켜 버립니다. 여기서 관건은 올바른 태도로 접근하는 것입니다. 단식을 어떤 경우에도 깨뜨려서는 안 될 불문율로 삼아서는 안 됩니다.

오히려 단식은 내적으로 자유로워지기 위한 하나의 훈련입니다. 이 훈련을 하는 동안 나는 우선 나 자신을 시험해 봐야 하며, 인정할 건 인정하고 포기할 건 포기해야 합니다. 단식은 나 자신과 내 상태에 맞게 해야 합니다. 나는 내게 맞는 방식을 천천히 찾아야 합니다. 지나치게 큰 결심으로 시작해서는 안 됩니다. 그러면 결국 그만큼 실망하고 절망할 것입니다. 나는 아무것도 해내지 못하는 존재이며, 아무짝에도 쓸모없는 존재라는 식으로 스스로를 비난할 것입니다. 그런 자기 비난은 무익할 뿐입니다.

단식은 영적으로 자유로운 상태에서 시작해야 합니다. 나는 자 자신을 시험해 봐야 합니다. 여러 방식을 시도해 봐야 합니다. 생각처럼 되지 않더라도 희망을 잃지 않으면서 내 한계를 서서히 넓혀 가야 합니다. 나 자신에게 비난의 화살을 돌릴 게 아니라, 나 자신과 내 욕구에도 귀를 기울여야 합니다. '정말로 나에게 맞는 것은 무엇일까?' '나는 단식을 통해 그저 내 명예욕만 채우려는 것이 아닐까?' '나도 남들처럼 할 수 있다는 걸 보여 주고 싶은 것은 아닐까?' '아니면 단식의 진정한 목적 그 자체가 나에게 더 중요한 것일까?' 하고 자신에게 되물어야 합니다.

단식의 한 가지 분명한 목적은 내 한계를 인식하고 인정하여, 그것과 화해를 이루는 데 있습니다. 나는 내가 의존하고 있는 대상을 내면 깊이 받아들여, 그것과 화해해야 합니다. 그래야 그 대상으로부터 서서히 자유로워질 수 있습니다. 우리는 자신이 받아들인 것만 바꿀 수 있습니다. 무언가를 결심할 때, 우리가 곧잘 저지르는 큰 실수는 출발점을 인정하지 않으면서 도착점에 다다르려 한다는 것입니다. 우리는 자신이 서 있는 그 자리에서 출발하지 않고, 가능한 한 서둘러서 도착하려고만 합니다.

아무리 신중하게 접근하더라도, 단식을 하다 보면 실패를 겪기 마련인데, 그러면 나는 어떻게 해야 하겠습니까? 거듭해서 꺾이고 넘어질 때는 어떻게 해야 하겠습니까? 실패는 언제나 나 자신에 대해 조금 더 알 수 있는 하나의 기회입니다. 무엇보다 실패는 나 자신을 타인들에게 더 관대해지게 만듭니다. 더는 타인들을 그리 가혹하게 판단하지 않게 되는 것입니다. 남들이 무엇을 얼마나 먹는지 지켜보고 있는 나를 자각하게 된다면, 남들을 속으로 내려다보며 판단하고 싶은 유혹이 든다면 내가 하고 있는 단식은 잘못된 길로 빠진 것입니다. 그러니 꺾이고 넘어진다면 감사할 일입니다. 내가 결심을 지킬 수 없음을, 곧 내 결심보다 먹고 싶은 충동이 더 강함을 자각하게 된다면 오히려 감사해야 합니다.

중요한 것은 결코 외적인 성공이 아닙니다. 진정 중요한 것은 '단식을 통해 내가 더 민감하고, 더 관대하며, 더 자비로워졌는가'입니다. 나의 기본적인 욕구들을 억누를 게 아니라, 단식을 통해 더 잘, 더 관대하게 다루는 법을 배워야 합니다. 단식의 목적은 먹고 마시는 일에서 벗어나는 데 있지 않습니다. 오히려 먹고 마시는 일을 경외하는 법을 배우는 데 있습니다. 나는 음식을 허겁지겁 먹어서는 안 됩니다. 단순히 본능을 달래기 위한 방편으로 여겨서도 안 됩니다. 나는 음식을 진정으로 음미하고, 하느님이 주신 선물로 기뻐할 줄 알아야 합니다. 그러면 점점 더 의식적으로, 더 여유 있게 음식을 먹게 될 것입니다.

내가 더 의식적으로 먹을수록, 내게 맞는 적정량을 넘어 과식할 위험은 그만큼 줄어듭니다. 어느 정도가 적정한지는 우리가 저마다 어떤 식으로든 알고 있습니다. 이것은 임의적으로 정한 외적인 기준이 아닙니다. 우리 몸은 자신에게 무엇이 유익한지 스스로 알고 있습니다.

결국 중요한 것은 몸의 소리에 더욱 귀를 기울이는 일입니다. 그런데 몸의 소리를 듣기 위해서는 침묵 속에 머물러 있어야 합니다. 이 침묵 속에서 나는 내 몸을 새롭게 보게 됩니다. 바로 내 몸이 내가 걷고 있는 영적 여정의 가장 귀한 동반자임을 깨닫습니다. 나는 내 몸을 관대하게 대해야 합니다. 곧, 너무 무르지도 않고 너무 모질지도 않으면서, 다만 너그럽게 대해야 합니다. 그러면 단식 중에 내 몸은 점점 더 열려 있게 되며 점점 더 민감해집니다. 그러면 다시 나 자신도 타인을 마주하여 더 깨어 있게 되고, 더 민감해지며, 더 섬세해집니다. 그리고 하느님의 영에 더 섬세하게 응하게 됩니다.

단식을 하다가 마주하는 또 다른 문제는 짜증과 언짢음, 신경과민과 무기력함, 온갖 소망과 욕망 같은 생각들입니다. 그것들을 어떻게 다뤄야 하겠습니까? 우선, 억눌러서는 안 됩니다. 내 안이 있는 것들이 그저 수면 위로 떠오르도록 둘 뿐입니다. 나는 그것들과 화해해야 합니다. 그런 생각들이 나에 대해 드러내 보여 주는 것들을 나는 깊이 들여다봐야 합니다. '나는 진정 누구인가?', '나의 가장 깊은 소망과 갈망은 무엇인가?', '나의 가장 깊은 상처는 무엇인가?', '나는 무엇에 평정을 잃고 흔들리는가?'라고 나 스스로 물어야 합니다.

단식 중에 내 안에 떠오르는 여러 생각들과 감정들을 마주하여 이런 물음을 던진다면, 단식은 하나의 기회가 됩니다. 곧, 나를 더 깊이 이해하고 나 자신과 조금 더 조화를 이룰 절호의 기회가 됩니다. 내 안에 있는 것들을 전부 있는 그대로 받아들일 때, 비로소 나 자신과 일치를 이루게 됩니다. 단식은 성찰만으로는 미처 알지 못했을 것들을 깨닫게 해 줍니다.

단식은 내 내면의 구조를 느슨히 풀어 줍니다. 단식은 내 내면을 밝은 빛으로 속속들이 비춰 주며, 또한 여기저기 숨어 있던 온갖 생각들을 환히 드러내 줍니다. 단식을 통해 나의 무의식에 지나치게 혼란을 일으켜서는 안 됩니다. 나는 모든 것을 파헤치려 해서는 안 되며, 그러면 흙먼지가 희뿌옇게 일어나 길을 잃을 것입니다. 무의식에 남겨 둘 건 그대로 남겨 둘 일입니다. 그렇지 않으면 나를 혼란스럽게 할 뿐입니다. 따라서 집중 단식을 하려면, 반드시 사람들을 동반하여 실천해야 합니다. 곧, 경험 많은 의사나 사제의 지도를 받으면서 하거나, 공동체 안에서 사람들과 함께 모여서 해야 합니다.

공동체는 단식을 성급하게 포기하지 않도록 내게 힘이 되어 줍니다. 단식 중에 나 자신을 마주하게 되지만, 홀로 남겨진 느낌이 들지는 않습니다. 또한 공동체는 건강한 균형추가 되어 줍니다. 자신에게 해가 될 정도로 무리하게 단식하지 않도록 나를 바로잡아 줍니다. 특히 며칠 이상 단식을 이어 갈 경우에는 공동체 안에서 함께 하는 것이 적합한데, 무의식이 마구 동요되어 다른 사람들이 붙잡아 줘야 하기 때문입니다. 평소처럼 일을 하면서도 완전한 단식을 며칠씩 실천하는 사람들도 있고, 이를 통해 많은 사람들이 긍정적 경험을 합니다. 그렇지만 그럴수록 나 자신을 더 세심히 살필 필요가 있으며, 또한 더 큰 절제가 필요합니다.

여기서 교회 전통은 하나의 길을 보여 줍니다. 교회는 전통적으로 일정 기간 단식을 하며 축일을 준비하고, 또 이 단식을 공동체 안에서 실천합니다. 가령 나는 부활절을 앞두고서 조금 더 수월하게 일에서 벗어날 수 있습니다. 아니면, 나는 피정을 떠나 며칠간 일상에서 물러날 수도 있습니다. 피정과 사막의 날*은 단식을 통해 더욱 깊어지고 그윽해지기 마련입니다.

사순 시기나 금요일에 단식할 때, 나는 먹는 데 드는 시간이 자연스레 절약됩니다. 문제는 '선물처럼 얻은 이 시간을 어떻게 쓸 것인가'입니다. 이 시간에 잠들어 있는 것은, 이 시간을 헛되이 보내는 것은 분명 단식의 의미에 어긋납니다. 수도승들에게 단식은, 곧 깨어 있음이었습니다. 나는 단식으로 얻은 이 시간을 다른 어떤 일로 채우는 대신, 기도와 묵상에 써야 합니다. 하느님께 나의 죄를 고백하기 위해 끼니를 거르는 것은 오히려 쉽습니다. 그렇지만 남들은 무언가를 먹고 있을 이 시간에 아무것도 읽고 쓰지 않으면서 그저 하느님 앞에 의식적으로 머물러 있는 것은 그리 쉽지 않은 일입니다.

---

* 피정의 한 형태로, 사막 은수자처럼 고요와 침묵 속에 하느님과 함께하는 시간을 가리킨다. 예수님이 광야로 나아가 사십 일 밤낮을 단식하신 데서 유래한다(마태 4,1-11)_옮긴이.

진짜 중요한 것은, 하느님 앞에 주린 배로 앉아 그저 나 자신을 내맡기는 것입니다. 그렇게 할 때 비로소 나는 단식이란 것을 제대로 겪어 그 의미를 알게 될 것입니다. 그리고 어렴풋이 알아챌 것입니다. '내가 정말 하느님을 향해 있는지', '나를 온전히 그분께 내맡겨서, 내가 오직 그분으로 채워질 준비가 정말로 되어 있는지' 어렴풋이나마 알게 될 것입니다.

어떤 사람들은 내가 단식을 하고 있음을 알게 되면 일종의 공격성을 보일 것입니다. 곧, 불편함과 불안함을 느끼는 사람들이 많을 텐데, 그들은 자신의 그림자에 직면하고, 그것을 나에게 투사할 것입니다. 내가 단식을 하고 있다는 사실이 그들의 죄책감을 건드려서, 그들 자신도 뭔가를 해야 한다는 생각이 들게 한 것일 수 있습니다. 그렇지만 그들의 공격성을 그들만의 문제로 가볍게 치부해서는 안 됩니다. 그들이 왜 불쾌함을 느끼는지 세심히 살펴야 합니다. 아마도 그들은 그 이면에 일종의 엘리트 의식이 깔려 있다고, 곧 나 자신을 그들 위에 세우면서 그들을 마음속으로 깎아내리고 있다고 느낄 것입니다.

내가 하는 단식이 다른 사람들에게 어떤 효과를 내고 있는지 살펴보면, 나 자신에 대해서도, 그리고 내가 단식을 하는 진정한 동기에 대해서도 알 수 있습니다. 만약 공동체를 서로 대립하고 반목하게 만든다면, 그것은 무엇인가 잘못된 것입니다. 예수님이 "단식하고 있다는 것을 드러내지 말라"(마태 6,18)고 말씀하신 데는, 아마 그런 이유도 있을 것입니다. 곧, 단식이 다른 사람들에게 그림자 투사를 일으킬 수 있기 때문입니다.

단식은 우리를 더 관대하고 더 자비롭게 만들기 위한 것입니다. 그러니 숨어서 해야 합니다. 우리에게 단식이란, 공동체의 분위기를 바꿔 주는 것이어야 하며, 다른 사람들을 비난하는 수단이 되어서는 안 됩니다. 다른 사람들에게 불안함을 일으킨다면, 내가 '단식을 그만두는 게 나을지', 아니면 '드러내지 않으면서 계속하는 게 나을지' 나 스스로에게 물어야 합니다. 요란스레 단식하는 것보다는 오히려 절제하며 먹는 게 더 낫습니다. 고대인들은 경고하기를, 고행을 할 때는 요란하게 해서는 안 되며, 그렇지 않으면 마귀들이 그 소리를 듣고서 고행을 망치려 들 것이라고 했습니다. 고행은 우리를 바로잡기 위한 것입니다. 고행은 고행으로 보여서는 안 되며, 오직 그 효과만 보여야 합니다. 고행이란 행위는 보이는데, 정작 아무 효과가 일어나지 않는다면, 그 고행은 신뢰를 잃을 것이고, 또한 사람들에게 일체의 고행에 대한 공격성을 불러일으킬 것입니다.

나오며

단식은 그 자체로 목적이 아닙니다. 그렇지만 오랫동안 묻혀 있던 이 전통을 재발견하는 과정에서, 사람들은 이를 지나치게 절대적인 것으로 받아들이기도 했습니다. 그럼에도 단식은 기도, 자선과 더불어 영적 수행의 길에서 검증된 수단이며, 우리가 하느님과 이웃을 올바른 태도로 대할 수 있도록 이끌어 줍니다. 단식을 제대로 이해하기 위해서는 다른 수행과 분리해서 보는 게 아니라, 반드시 연결 지어, 특히 기도와 연결 지어 살펴봐야 합니다. 단식은 육과 영으로 함께 바치는 기도입니다. 단식은 우리의 신심이 육화해야 함을 보여 줍니다. 곧, 하느님의 말씀이 그리스도 안에서 육체를 취하셨듯이, 우리의 신심도 육체를 취해야 합니다. 기도는 단식으로 표현될 때 육화하며, 이 일은 또한 우리에게도 일어납니다. 그때는 하느님과의 관계가 우리의 머릿속에만 머물지 않습니다. 그때는 그분께 우리의 입으로 기도할 뿐 아니라, 우리의 온몸으로도 그분을 향한 갈망을 고백하게 됩니다. 그분 없이는 우리가 빈껍데기임을, 그분 은총에 의지하고 있음을, 그분 사랑으로 우리가 살고 있음을, 우리의 주린 배는 결국 이 세상이 주는 빵이 아니라, 오직 그분으로, 오직 "그분 입에서 나오는 모든 말씀으로"(마태 4,4) 충만해짐을 고백하게 됩니다.

단식을 통해 우리는 하느님 손으로 빚어진 피조물이라는 우리의 실존을 온전히 이루어 냅니다. 우리는 오직 그분 안에서 자신의 충만함을 찾는 피조물, 자신이 받은 은총에 안주하지 않고, 은총을 주신 그분을 갈망하며 좇는 피조물입니다. 단식을 통해 우리는 육과 영을 다해 우리 자신을 하느님께 힘껏 뻗으며, 또한 육과 영을 다해 하느님 앞에 엎드려 절합니다.

단식은 하느님을 향한 육의 부르짖음입니다. 저 깊은 곳, 저 심연으로부터 터져 나온 부르짖음입니다. 이 심연에서 우리는 자신의 깊디깊은 무력함을, 자신의 상처와 결핍을 마주하며, 이로써 온전히 하느님의 심연 속에 내맡겨집니다.

주

1 Otto Buchinger, Das Heilfasten, Stuttgart 1960.
2 Vgl. Pie Raymond Régamey (Hrsg.), Wiederentdeckung des Fastens, Wien 1963, S. 119ff. Diesem Buch verdanken wir viele Anregungen und Hinweise.
3 R. Arbesmann, Fasten, in: Reallexikon für Antike und Christentum, Bd. VII, Stuttgart 1969, S. 498. Vgl. dort auch das Folgende.
4 Didache 7,4; zit. in Régamey, S. 37.
5 Vgl. Régamey, S. 39.
6 Vgl. R. Arbesmann, Das Fasten bei den Griechen und Römern, Gießen 1929, S. 42f.
7 Arbesmann, Das Fasten bei den Griechen und Römern, S. 54

und Arbesmann, Fasten, S. 457f. 8 Arbesmann, Fasten, S. 466.

9 Johannes Chrysostomus, Homilien zur Genesis 10, zit. in: Texte der Kirchenväter, Bd. 3, hrsg. v. A. Heilmann, München 1964, S. 281.

10 Johannes Cassian, Die Heilmittel der acht Hauptlaster – De octo principalium vitiorum remediis, Quellen der Spiritualität, Band 15, übersetzt und erläutert von Gabriele Ziegler, Münsterschwarzach 2019, S. 117 (inst. V,5).

11 Zit. bei Régamey, S. 60.

12 Otto Buchinger; vgl. auch Rüdiger Dahlke, Bewusst fasten, München 1983.

13 Ebd., S. 31.

14 Werner Zabel, Das Fasten. Seine Technik und Indikation sowie Beiträge zu seiner Physiologie, Stuttgart 1950, S. 55.

15 Basilius, 1. Homilie über das Fasten, zit. in: Texte der Kirchenväter, S. 285f.

16 Basilius, 2. Homilie über das Fasten, zit. in Régamey, S. 93.

17 Petrus Chrysologus, Sermo 8, zit. in Régamey, S. 76.

18 Zit. in Régamey, S. 60.

19 Bonifaz Miller (Hrsg.), Weisung der Väter – Apophthegamata patrum, Sophia – Quellen östlicher Theologie, Band 6, Trier, 8. Aufl. 2009, S. 116, Apophthegma 318 [Im Folgenden als »Weisungen« unter Angabe der Nummer des Apophthegmas als »Apo« zitiert].

20 Vgl. Johannes Cassian, Unterredungen mit den Vätern – Collationes patrum, Teil I: Collationes 1 bis 10, Quellen der Spiritualität, Band 5, übersetzt und erläutert von Gabriele Ziegler, Münsterschwarzach, 2. Auflage 2018, S. 170 (coll. V,4); und: Johannes Cassian, Die Heilmittel der acht Hauptlaster, S. 122 (inst. V,12).

21 Vgl. J. F. Gromer, Die deutsche Thomas-Ausgabe, Bd. 21, Heidelberg 1964, S. 572.

22 Les sentences des pères du désert, nouveau recueil (= II), hrsg. v. Lucien Regnault, Solesmes 1977, Eth Coli 14,26.

23 Vgl. dazu Eugen Drewermann, Der Krieg und das Christentum, Regensburg 1982, S. 313f.

24 Weisung, Apo 921.

25 Les sentences des pères du désert, troisième recueil (= III), hrsg. v. Lucien Regnault, Solesmes 1976, 1741.

26 Les sentences II, Eth Pat 322.

27 Ebd., N 592/46.

28 Ebd., N 566.

29 Weisung, Apo 512.

30 Les sentences III, TV 35.

31 Augustinus, Über die christliche Lehre 1,24–25, zit. in: Texte der Kirchenväter, S. 292f.

32 Weisung, Apo 427.

33 Les sentences III, 1741.

34 Zit. in Régamey, S. 40f.
35 Ebd., S. 34; ferner: Erich Schweizer, Das Evangelium nach Markus, Göttingen 1968, S. 107.
36 Les sentences II, N 598.
37 Henri J. M. Nouwen, Das geteilte Leid, Freiburg 1983, S. 25.
38 Régamey, S. 142; die folgenden Zahlen im Text beziehen sich auf den Artikel von C. Drevet, Die Fasten des Mahatma Gandhi, im Buch von Régamey, S. 141–186.
39 Zit. in einem von der Friedensbewegung hektographierten Manuskript; dort auch das Folgende.
40 Bernhard von Clairvaux, 4. Fastenpredigt 1, zit. bei Régamey, S. 106.
41 Sören Kierkegaard, Die Tagebücher, übertr. v. Thomas Haecker, München 1949, S. 80.
42 Eugen Drewermann, Strukturen des Bösen. Die jahwistische Urgeschichte in exegetischer, psychoanalytischer und philosophischer Sicht. Teil III, Paderborn 1982, S. 544. Auf dieses Werk beziehen sich auch die beiden folgenden Zahlen im Text.
43 Isaak von Ninive, De Perfectione religiosa, zit. bei Régamey, S. 95.
44 Ebd., S. 31.
45 Ebd., S. 23.
46 Aphrahat, Homilien, zit. in Régamey, S. 86.
47 Drewermann, Der Krieg, S. 316.

48 Arbesmann, Das Fasten bei den Griechen, S. 97.
49 Ebd., S. 99.
50 Vgl. Arbesmann, Fasten, S. 462.
51 Ebd., S. 467.
52 Tertullian, Über das Fasten, übersetzt von Heinrich Kellner, München 1915, S. 531.
53 Ebd., S. 532.
54 Ebd., S. 535 und 537.
55 Philoxenes, Homilien, zit. bei Régamey, S. 57f. Dort auch das folgende Zitat.
56 Athanasius, De virginitate, zit. bei Régamey, S. 71.
57 Ambrosius, De Helia et Jejunio, zit. bei Régamey, S. 71.
58 Augustinus, De consensu Evangelii, 2. Buch, Kap 27, zit. bei Régamey S. 71.
59 Buchinger, Heilfasten, S. 29. Dort auch das folgende Zitat.
60 Carl Gustav Jung, Gesammelte Werke (= Symbole der Wandlung), 5. Bd., Olten 1973, S. 427f.
61 Ebd., S. 524f.
62 Ebd., S. 549.
63 Antoine de Vogué, »Aimer le jeûne«. Une observance possible et nécessaire aujourd'hui: Collectanea cisterciensia 45 (1983), S. 27ff.

"그때에 예수께서는 영에 의해 광야로 인도되어 악마에게 유혹을 받으셨다. 그리하여 밤낮 사십 일을 단식하시니 마침내 허기지셨다. …"

_마태 4,1-11

귀스타브 도레Gustave Doré, 「광야에서 유혹을 받으신 예수」(부분), 1866.